# EJERCICIOS TÉCNICOS PARA LA ENSEÑANZA DEL VOLEIBOL

AUTORES: Paula Mª Filgueira Vila

Copyrigh 2009, Paula Mª Filgueira Vila

ISBN 978_1_4092_6635_8

Copyrigh 2009 Lulu Press Inc.

Todos los derechos reservados

# ÍNDICE.

1. **Toque de dedos. Pase de colocación** ............................................................. 5
   - 1.1. Carácter del gesto. Utilización del gesto. Características generales ............... 6
   - 1.2. Formas o tipos de ejecución ............................................................. 7
   - 1.3. Descripciones técnicas .................................................................. 9
   - 1.4. Errores más comunes en la ejecución. Correcciones ..................................... 11
   - 1.5. Reglas y faltas de reglamento .......................................................... 13
   - 1.6. Consideraciones y normas tácticas individuales ........................................ 14
   - 1.7. Exigencias de índole físico, ejecución técnica, volitiva .............................. 15
   - 1.8. Su entrenamiento. Recomendaciones metodológicas. Concepto de antes – durante – después ............................................................................... 16
   - 1.9. Objetivos a considerar en cada etapa .................................................. 18
   - 1.10. Ejercicios en progresión, que se trabajan con los compañeros del grupo ............. 20
     - De entrenamiento técnico.

2. **Toque de antebrazos. Recepción** ................................................................ 23
   - 2.1. Carácter del gesto. Utilización del gesto. Características generales ................. 24
   - 2.2. Formas o tipos de ejecución ............................................................ 25
   - 2.3. Descripciones técnicas ................................................................. 27
   - 2.4. Errores más comunes en la ejecución. Correcciones ..................................... 29
   - 2.5. Reglas y faltas de reglamento .......................................................... 30
   - 2.6. Exigencias de índole físico, ejecución técnica, volitiva .............................. 32
   - 2.7. Su entrenamiento. Recomendaciones metodológicas. Concepto de antes – durante – después ............................................................................... 33
   - 2.8. Objetivos a considerar en cada etapa .................................................. 35
   - 2.9. Ejercicios en progresión, que se trabajan con los compañeros del grupo .............. 36
     - De entrenamiento técnico

3. **Saque de seguridad y tenis** ..................................................................... 39
   - 3.1. Carácter del gesto. Utilización del gesto. Características generales ................. 40
   - 3.2. Formas o tipos de ejecución ............................................................ 41
   - 3.3. Descripciones técnicas ................................................................. 42
   - 3.4. Errores más comunes en la ejecución. Correcciones .................................... 44
   - 3.5. Reglas y faltas de reglamento .......................................................... 46

3.6. Consideraciones y normas tácticas individuales ............................................................ 48

3.7. Exigencias de índole físico, ejecución técnica, volitiva ................................................ 49

3.8. Su entrenamiento. Recomendaciones metodológicas. Concepto de antes – durante – después ............................................................................................................................ 50

3.9. Objetivos a considerar en cada etapa ............................................................................ 51

3.10. Ejercicios en progresión, que se trabajan con los compañeros del grupo ............ 52
- De entrenamiento técnico

4. **Remate y finta** ................................................................................................................... 56

   4.1. Carácter del gesto. Utilización del gesto. Características generales............................ 57

   4.2. Formas o tipos de ejecución ......................................................................................... 58

   4.3. Descripciones técnicas .................................................................................................. 60

   4.4. Errores más comunes en la ejecución. Correcciones ................................................... 62

   4.5. Reglas y faltas de reglamento ....................................................................................... 64

   4.6. Exigencias de índole físico, ejecución técnica, volitiva ................................................ 66

   4.7. Su entrenamiento. Recomendaciones metodológicas. Concepto de antes – durante – después ............................................................................................................................ 67

   4.8. Objetivos a considerar en cada etapa............................................................................ 69

   4.9. Ejercicios en progresión, que se trabajan con los compañeros del grupo............ 71
   - De entrenamiento técnico.

5. **Minivoleibol** ...................................................................................................................... 74

ANEXOS.

ANEXO 1: Terreno de juego.

**Bibliografía.**

# 1. Toque de dedos. pase de colocación.

## 1. Carácter del gesto. Utilización del gesto. Características generales.

El pase de dedos es el elemento que más importancia adquiere en el desarrollo del juego de voleibol, su técnica es utilizada principalmente en el 2º toque del equipo.

La exigencia principal se basa en jugar la pelota con precisión hacia el área de acción del rematador (próximo a la red), para conseguir un ataque efectivo. Tiene un carácter ofensivo y va a influir en el desarrollo de acciones posteriores.

El pase de dedos representa la unión entre la (recepción del saque, remate,...) y el ataque. Preferentemente será el colocador el encargado de realizarlo. Va a influir en el ritmo del juego dependiendo de la variación de la trayectoria (alta – 2º tiempo o baja – 1º tiempo).

Es importante trabajarlo en la iniciación, pues es el toque que le permite al niño simular el juego del voleibol. En el desarrollo del juego del voleibol es determinante el control del pase de dedos por parte del colocador.

## 2. Formas o tipos de ejecución.

Se distinguen varios tipos de pase de dedos:

### 2.1 *Pase de dedos hacia delante.*
- ✓ Desplazarse rápidamente hacia el lugar de la acción con trabajo normal de los brazos.
- ✓ Giro en dirección al juego, posición segura de piernas abiertas con un pie adelantado, cabeza- pelota- objetivo en una línea.
- ✓ Flexionar brazos y piernas mientras se acerca la pelota.
- ✓ Ahuecar la mano, trabajo elástico de dedos y muñecas.
- ✓ Recibir la pelota casi a la altura de la frente, extender totalmente piernas, cuerpo, brazos y muñecas.

### 2.2 *Pase de dedos sobre la cabeza.*
- ✓ Colocación rápida debajo del balón, como en el pase de dedos hacia delante.
- ✓ Extensión del cuerpo con proyección delantera de las caderas y flexión de la cabeza en la cuca. El peso principal del cuerpo descansa en el pie atrasado.
- ✓ Extensión de los brazos en la dirección de la jugada; los hombros apuntan también en esa dirección.
- ✓ Las manos se mantienen sobre la cabeza y siguen la dirección del eje longitudinal del cuerpo.
- ✓ Las manos están muy dobladas hacia atrás.

### 2.3 *Pase de dedos de colocador.*
- ✓ El pase de dedos destinada a hacer pases cortos hacia las posiciones de ataque III y IV se emplea con balones cercanos a la red mientras está adelantada la pierna derecha.
- ✓ Cuando se juegan balones que están a la altura de la línea de ataque, está adelantada la pierna izquierda.
- ✓ El pase de dedos se hace con los brazos casi extendidos.
- ✓ La intervención de las piernas es escasa.

### 2.4 *Pase de dedos cayendo hacia atrás o colocación de salvamento.*
- ✓ Desplazarse rápidamente debajo de la pelota en dirección al juego; Para ello se coloca el cuerpo debajo del balón (posición de pie adelantado hasta piernas abiertas).
- ✓ Las manos se hayan junto a la barbilla, solo existe extensión de brazos.

- ✓ El peso del cuerpo descansa sobre el pie atrasado.
- ✓ El jugador no cae hasta después del pase, después rolar sobre el trasero y la espalda.

### *2.5 Pase de dedos cayendo de lado.*
- ✓ Se da un amplio paso lateral hacia el balón con la pierna cercana a este.
- ✓ El peso se desplaza hasta la pierna cercana al balón.
- ✓ Flexionar mucho los brazos, las manos se hallan justo junto a la barbilla.
- ✓ Antes de hacer la jugada el cuerpo gira en dirección a ésta.
- ✓ 1º se juega el balón, después cae el jugador.

### *2.6 Colocación desde el fondo de la pista.*
- ✓ Pelotas colocadas desde más atrás de la línea de los 3 m.
- ✓ Extensión completa de brazos al soltar la pelota. Debido a que se colocará alta y la distancia del pase será mayor.

### *2.7 Colocación hacia atrás.*
- ✓ Se produce cuando la pelota se coloca desde encima de la cabeza hacia un rematador situado detrás.
- ✓ La posición inicial es la misma que la de la colocación hacia delante.
- ✓ Manos delante de la frente con los dedos extendidos.
- ✓ Después de contactar con la pelota las muñecas se doblan ligeramente hacia atrás.
- ✓ Las caderas deben estar sueltas para empujar la pelota.
- ✓ Una vez que la pelota ha entrado en contacto con las manos, estas y los brazos se extienden hacia la derecha y hacia atrás para empujar la pelota hacia la parte frontal.

### *2.8 Colocación de salto.*
- ✓ Adoptar rápidamente la posición para tomar impulso.
- ✓ Paso largo de despegue a la derecha, colocar adelante la pierna izquierda girándola suavemente hacia dentro y saltar con ambas piernas empleando activamente los brazos.
- ✓ Recibir la pelota en el punto y alto de salto delante de la frente (extendiendo los brazos o con la muñeca).
- ✓ Caída suave con ambas piernas.

# 3. Descripciones técnicas.

## *3.1 Posición inicial.*

Así que la pelota inicie su descenso, el jugador debe adoptar la posición inicial con los pies cómodamente separados y el peso del cuerpo distribuido de forma equilibrada. Las rodillas dobladas y listas para hacer ajustes a medida que la pelota se acerca. No debe apoyarse demasiado peso sobre los talones. Las muñecas deben estar dobladas hacia atrás de manera que la mano y el antebrazo formen un ángulo de 135 ° más o menos. Las manos en forma de copa y relajadas para amortiguar la colocación.

## *3.2 Posición de las manos.*

Manos delante de los ojos, abiertas, con las palmas dirigidas al balón, totalmente flexionadas atrás y ligeramente adentro.

Los dedos están abiertos y ligeramente flexionados. Los dedos y el pulgar forman un triángulo abierto, con la posición de los índices más separados que los pulgares y estos últimos en el mismo plano, en una misma línea y apuntando hacia los ojos del jugador.

## *3.3 Posición de los brazos.*

Los brazos están semiflexionados con los codos ligeramente abiertos y a la altura de los hombros, de manera que las manos están a unos 20 cm. de distancia de la cara cuando el jugador mira en dirección a la pelota.

## *3.4 Contacto con la pelota.*

El contacto con la pelota tiene lugar por encima de la frente, viendo el balón a través de la ventana triangular formada por índices y pulgares. No sólo juegan el balón las yemas de los dedos, lo tocan adelante la articulación siguiente del pulgar, el índice y el dedo medio.

Las manos a una distancia prudencial como para que el contacto se haga por los lados del balón, formando un cesto. Es muy importante que la pelota se hunda bien entre las manos.

No se golpea la pelota sino que en realidad permanece en contacto con las manos durante un instante.

## *3.5 Movimiento global del cuerpo.*

Es de gran importancia que el jugador realice un desplazamiento para colocarse debajo del balón.

El jugador debe tratar de alcanzar una posición que le permita observar el balón entre las manos. Todo el cuerpo debe estar orientado hacia donde se va dirigir el pase

En el momento del pase se produce una extensión continuada de piernas y brazos. Es muy importante que el movimiento del tronco, piernas y brazos que acompañan a la colocación sea ligero, suelto, hacia arriba y adelante, para que el vuelo de la pelota sea suave.

# 4. Errores más comunes en la ejecución. Correcciones.

*4.1 Errores.*

A. Mala colocación de pies, excesivamente separados.

B. Colocación de manos con excesiva separación o proximidad entre ellos. Golpear el balón contactando con las palmas de las manos.

C. Pulgares hacia delante o índices muy separados. No formar triángulo.

D. Separación excesiva o insuficiente de codos, impide una correcta colocación de las manos.

E. Mala ubicación hacia el balón:
- Golpear a la altura del pecho.
- Meterse excesivamente debajo del balón.
- Golpearlo muy lejos de la cara.

F. Mala acción resorte:
- Descoordinación en la extensión de piernas, cuerpo, brazos y muñecas. Solo acción de brazos.
- No proyectar todos los segmentos afectados en la dirección de la trayectoria del balón.

*4.2 Correcciones.*

A. Presentamos dos posiciones de pies:
  1. Posición segura de piernas abiertas con un pie adelantado. El pie anterior descansa plano en el suelo; el talón del pie posterior, está elevado.
  2. Alineados; peso del cuerpo repartido en ambas piernas y recayendo sobre todo en las puntas.

B. Manos delante de los ojos, abiertas, con las palmas dirigidas al balón, totalmente flexionadas hacia atrás y ligeramente adentro. Ahuecar las manos, trabajo elástico de dedos y muñecas. Manos (entre sí) a distancia prudencial como para que el contacto se haga por los lados del balón.

C. Dedos deben de estar suficientemente abiertos y flexionados con separación especial entre pulgar e índice, con los índices más separados que los pulgares y estos últimos en el mismo plano y en una misma línea.

D. Recibir la pelota casi a la altura de la frente, viendo el balón a través de la ventana triangular formada por los índices y pulgares.

E. Los codos se separan paralelos a un plano imaginario. Brazos semiflexionados con codos ligeramente abiertos y a la altura de los hombros.

F. En el momento del contacto con el balón, las piernas, tronco, brazos y muñecas están semiflexionados; para la finalización del golpeo debe existir una coordinación en la extensión de todos estos segmentos corporales hacia arriba y adelante. Desplazarse hacia la pelota, colocarse de tal manera que el balón llegue de frente, orientarse hacia el objetivo, flexionando brazos y piernas.

## 5. Reglas y faltas de reglamento.

- El balón debe ser tocado, no cogido y/o lanzado. Puede rebotar en cualquier dirección.
- RETENCIÓN: un jugador no golpea el balón limpiamente, y el balón es cogido y/o lanzado.
- DOBLE CONTACTO: un jugador toca el balón dos veces sucesivas o el balón toca sucesivamente varias partes de su cuerpo.

# 6. Consideraciones y normas tácticas individuales.

Al entrenar hay que atender desde un principio a que la lucha por el pase de dedos se produzca a partir de cualquier situación.

Los colocadores son los jugadores de quienes se espera una máxima visión del conjunto del juego. Tienen que emplear a sus atacantes tácticamente de tal manera que se puedan concluir con éxito las acciones.

Maniobras de pase tácticamente inteligentes:
- Colocar la mejor pelota posible en cada situación.
- Emplear en un partido al atacante que está en mejor forma.
- Organizar el juego de tal manera que el ataque se efectúe sobre un bloqueador bajo o débil del equipo contrario. (Conocer a los oponentes).
- Efectuar la colocación preferida por cada rematador. (Conocer a sus rematadores).
- Responsabilizarse con los errores de colocación.
- Hacer que todos los pases parezcan buenos.
- Mantener la cabeza fría y ser un buen líder.
- Tener controlado el ritmo del juego. Hacer el juego rápido o lento según cada situación:
- Juego rápido: balones ascendentes a la posición III, pases cortos sobre la cabeza a la posición II, balones rápidos y jugados desde fuera a la posición IV.
- Juego lento: colocación alta en todas las posiciones.
- Tomar la responsabilidad de hacer que sucedan cosas en la pista.

# 7. Exigencias de índole físico, ejecución técnica, volitiva....

- Debemos de tener en cuenta una serie de aspectos que serán de gran importancia para un colocador:
    - ✓ Gran dominio en el control del balón.
    - ✓ Mucha movilidad.
    - ✓ Regularidad en el pase.
    - ✓ Rendimiento en el bloqueo.
    - ✓ Buena coordinación.
    - ✓ Manejo de la mano izquierda y potencia en el ataque.
- Cualidades físicas que debe reunir:
    - ✓ <u>Velocidad</u>: debe tener la habilidad de mover los pies con rapidez y agilidad en los desplazamientos, paradas y orientaciones; capacitándole para alcanzar el balón rápidamente.
    - ✓ <u>Fuerza</u>: en él ----- superior e inferior.
- Otras cualidades a tener en cuenta:
    - ✓ <u>Ojos</u>: debe demostrar que posee un movimiento rápido de ojos y buena visión magistral o ------:
        - <u>Ambidiestra</u>: ha de ser capaz de golpear el balón con cualquiera de los brazos.
        - <u>Altura</u>: un jugador de mucha altura tiene una cierta ventaja sobre un colocador de baja estatura (aunque existen buenos colocadores bajos).
- Cualidades mentales:
    - ✓ <u>Personalidad</u>: un colocador debe ser el tipo de persona que es capaz de mantener la cabeza fría y clara, cuando los demás están perdiendo la suya.
    - ✓ <u>Inteligencia</u>: debe ser capaz de tomar rápidas e inteligentes decisiones, en colaboración siempre con los rematadores. Lectura de los receptores y de los defensores y anticipación a la trayectoria del balón después del primer contacto.
    - ✓ <u>Responsabilidad</u>: dado que debe ser el líder, tiene que ser lo suficientemente fuerte como para aceptar mayor responsabilidad que ningún otro jugador, incluso la de una derrota.

## 8. Su entrenamiento. Recomendaciones metodológicas. Concepto de antes-durante-después.

El tipo de enseñanza será global, siendo analítica en diversas fases del aprendizaje

- ◆ *Antes:* el jugador debe mirara siempre la trayectoria del balón. Antes de la ejecución del gesto propiamente dicho es necesario que el jugador se desplace, de manera que obtenga la mejor posición posible para realizar el movimiento. En el caso del toque de dedos los desplazamientos serán cortos, a no ser que se produzca una penetración con ánimo de que un zaguero haga el segundo toque, con lo que su desplazamiento será algo mayor, y generalmente hacia delante y hacia atrás, aunque también pueden ser laterales. Tras el desplazamiento el colocador se orienta hacia la zona a la que va a dirigir el pase, dependiendo también del tipo de gesto que vaya a realizar. La posición en la que el jugador espera el balón es la posición fundamental media.

  Cabe también destacar que los desplazamientos serán muy diferentes cuando nos refiramos al toque de dedos en caída e incluso al toque de dedos en suspensión. Este último incluye un salto, por lo que han de marcarse los pasos previos para contactar con el balón en el punto de altura pretendido. En el toque de dedos en caída el desplazamiento se realiza en una posición baja.

  En la iniciación del toque de dedos es conveniente hacer ejercicios para el dominio de la colocación de manos y la coordinación del gesto, con recogidas de balón; para esto se puede trabajar con diferentes móviles, ya que repercutirá positivamente en el trabajo específico del gesto.

  Como primer aspecto en la enseñanza, es importante aprender a desplazarse. Después devolver balones lanzados por los compañeros, al principio en distancias cortas. Estas se ampliarán progresivamente. También es importante la parábola. Evitar los pases de dedos en estático.

- ◆ *Durante:* allí queda reflejada la posición de cabeza, tronco, brazos, manos y piernas. Es importante que el jugador siga observando la trayectoria del balón, pero también que sea capaz de percibir su entorno, es decir, a sus compañeros y al equipo contrario para tomar la decisión más adecuada de cara a la consecución del punto.

  Tan pronto como sea posible deben realizarse tareas tácticas en el pase. Introducir la competición con juegos lo antes posible.

  El pase de dedos en suspensión nos va a servir como primer paso para el aprendizaje del gesto del remate.

  Aprender de forma progresiva todos los tipos de pases de dedos.

Entrenar el pase en circunstancias tiempo-espacio correspondientes a las exigencias posteriores del ----

- ♦ ***Después:*** tras la ejecución del gesto se recupera la posición y se pasa a una posición defensiva de apoyo. Es importante ya que el colocador es el primer jugador que sabe a donde se va a dirigir el pase y, por tanto, sobre que zona del campo hay que realizar los apoyos defensivos.

Por último, cabe decir que el pase o colocación viene precedido habitualmente de una recepción o defensa, que va a influir de cara a los desplazamientos. El colocador debe buscar siempre el segundo toque, por lo que si la defensa o recepción son malas, el jugador deberá realizar los desplazamientos necesarios para que su toque sea efectivo, utilizando una gama de movimientos muy amplia: laterales, frontales, hacia atrás, rápidos, lentos, amplios, etc.

# 9. Objetivos a considerar en cada etapa.

## *9.1 Etapa de iniciación.*
- Dominar la posición inicial y las superficies de contacto.
- Dominar la posición de la cabeza antes del toque.
- Dominar la velocidad transmitida al balón en el toque.
- Dominar la altura del toque.
- Captar información para anticipar los desplazamientos.
- Coordinar el control visual de la trayectoria del balón.
- Ser capaz de situarse en el espacio de juego (líneas limitadas).
- Mantener un balón en el aire golpeándolo con los miembros superiores.
- Encadenar un desplazamiento y una intervención con el balón.
- Elegir y apuntar hacia un objetivo.
- Ser capaz de dirigir el balón a una zona determinada.

## *9.2 Etapa de perfeccionamiento.*
- Poder conservar deliberadamente para dirigir el ataque y poner en juego a un compañero en zona favorable de ataque.
- Adaptar la acción en función del adversario.
- Desarrollar la comunicación interindividual.
- Asumir responsabilidades.
- Automatizar el gesto.
- Realizar el gesto en situaciones diversas.
- Precisar el toque.

## *9.3 Etapa de competición.*
- Ser capaz de organizar mentalmente un futuro ataque.
- Poner al adversario en dificultades con la construcción de alternativas simples y complejas en ataque. Anticipación.
- Conservar y hacer avanzar el balón para poner en juego a uno o varios atacantes.
- Reforzar la relación colocador atacante.
- Intervenir en un espacio cada vez mayor.
- Encadenar o anticipar tareas distintas y cada vez más complejas.
- Saber oponerse a la incertidumbre creada en este nivel de juego.

- Incrementar los recursos y habilidades con los diferentes tipos de pases de dedos.
- Realizar acciones corporales de engaño por parte del colocador.
- Reducir la visión directa sobre el balón, para dedicar más atención a otros aspectos.
- Ser capaz de transmitir información a sus compañeros.

# 10. Ejercicios de progresión: analíticos y jugados. Entrenamiento técnico.

## *10.1 Ejercicios analíticos.*

I. Coger el balón del suelo con las yemas de los dedos, manos en forma de copa.

II. Botar el balón contra el suelo según el ejercicio anterior.

III. Lanzar el balón hacia arriba y recibirlo (pararlo) con las manos en forma de toque de dedos.

IV. Mismo ejercicio que el tres variando la posición del cuerpo (centro de gravedad).

V. Mismo ejercicio que el tres pero con desplazamientos hacia delante, atrás y laterales.

VI. Mismo ejercicio que el tres pero con giros de 90°, 180° y 360°.

VII. Toque de dedos vertical (un jugador).

- Toques a poca altura (20 a 50 cm.).
- Alterar toques cortos y altos (hasta 2 metros).
- Toques con un bote intermedio en el suelo.
- Con desplazamientos.
- Giros hacia la derecha y hacia la izquierda (90°, 180° y 360°):
    - Toques continuos.
    - Un giro por cada toque.
- Toques con cambios posturales (sentado, tumbado, etcétera):
    - Toques continuos.
    - Un toque por cada cambio de posición.

Toques contra la pared.

- Sobre un objetivo (distancia corta).
- Alternando sobre dos objetivos.
- Siguiendo una línea horizontal, con desplazamientos laterales.
- Siguiendo una línea vertical.
- Aumentando la distancia y con un rebote en el suelo.
- Con un rebote en el suelo con desplazamiento hacia delante y atrás o derecha e izquierda.
- Sobre una pared formando un ángulo de 90°, con rebote en el suelo, cambiando la orientación de pies y hombros.

Toques por parejas: movimientos sencillos.

- Lanzar y coger (manos en posición correcta).
- Pase de dedos y coger.

- Lanzar y toque de dedos vertical.
- Bote en el suelo, toque vertical y pase de dedos al frente.
- Pase con bote en el suelo.
- Pase con toque de control vertical.
- Alternar parábolas de los pases (altas y tensas)

Toques por parejas: movimientos complejos:

- Toque de control vertical, giro de 180º y pase hacia atrás.
- Toque de control vertical, giro de 90º y pase lateral.
- Toque en suspensión.
    - Uno de los dos.
    - Alterno.
    - Los dos.
- El jugador que no recibe el balón ejecuta un movimiento (salto, caída, desplazamiento, etcétera) con un toque de control de su compañero.
- Mismo ejercicio sin toque de control.

### *10.2 Ejercicios en juego real*

**I.** Red alta; Campo 2x1; 1 contra 1.

- Partir de la posición correcta de manos con el balón (dedos separados, triángulo), a continuación realizar un pase de dedos a su compañero, éste recepciona el balón amortiguándolo con la posición correcta de manos, se mantiene un tiempo el balón en las manos y se repite el ejercicio.
- La acción punto estará centrada en mantener el balón en las manos durante un tiempo, que el balón no vaya fuera del campo, mala colocación de las manos. Si esto ocurre se pierde la jugada.

**II.** Idem al anterior.

- Antes de recibir el balón hay que tocar con las manos en el suelo. Los pases deben ser altos.
- La acción punto también estará centrada en tocar con la palma de la mano en el suelo y pases altos, sino se pierde la jugada.

**III.** Zona delimitada.

- Individual
- Lanzar el balón a una altura de 4 o 5 metros, dejarlo rebotar, situarse debajo y efectuar una colocación.
- La acción punto estará centrada en situarse debajo del balón y efectuar una buena colocación.

**IV.** Red alta; Campo 3x2; 1 contra 1.

- Realizar pases de dedos de tal forma que la trayectoria del balón varíe, unas veces vaya próximo a la red y otras lejos, de igual forma a lo largo del campo. Antes de realizar el toque hacia el otro campo, realizar un autocontrol.
- La acción punto estará centrada en que no salga el balón del campo, realizar un autocontrol antes de realizar el golpe de ataque. Si esto ocurre se perderá la jugada.

**V.** Idem al anterior pero sin autocontrol.

**VI.** Red alta; Campo 2x1; 1 con 1+1.

- El jugador "A" tiene el balón y realiza un toque de dedos corto hacia "B", éste realiza un pase colocación, cerca de la red, para que "A" realice un toque de ataque largo hacia "C". "A" ocupa la posición "D" y "B" así sucesivamente.
- La acción punto estará centrada en que no salga el balón del campo, realizar los golpeos altos.

**VII.** Por tríos y con dos balones.

- Pases continuos hacia el mismo jugador (a su derecha o izquierda). Ambos balones se ponen en juego en distinto momento. Cuando el balón enviado por "A" está llegando a "C", "B" debe enviar el suyo hacia "A".
- La acción punto estará centrada en realizar los golpeos alternativamente y en realizar el toque de forma correcta.

**VIII.** Idem que el ejercicio siete

- Los que reciben hacen varios autopases cambiándose de posición para realizar pases en distintas posiciones (hacia otras, de lado...).
- La acción punto estará centrada en realizar varios golpeos y que todos ellos sean distintos, en cuanto a su posición.

**IX.** Red alta; Campo 2x3; 1 con 1+1.

- "A" pasa el balón a "B", éste le pasa el balón a "C", "E" le coloca y pasa al otro lado de la red mientras "B" hace un pase largo a "A". Así sucesivamente.
- La acción punto estará centrada en que el balón no salga de la zona marcada y que la colocación y el gesto sean siempre correctos.

**X.** Red alta; Campo 2x3; 2 contra 2.

- Dos jugadores a cada lado de la red. El juego se empieza realizando un lanzamiento alto hacia el otro lado de la red. A continuación se realizan tres toques de dedos; con el objetivo de imitar el juego real.
- La acción punto estará en realizar siempre toque de dedos y que el balón no se vaya fuera de la zona marcada, si esto ocurre se perderá la jugada.

# 2. Toque de antebrazos. recepción.

# TOQUE DE ANTEBRAZOS

## 1. Carácter del gesto. Utilización del gesto. Características generales.

La técnica del toque de antebrazo es la que nos permite controlar balones que nos llegan a gran velocidad y a la altura de la cadera o por debajo de ella. Es también menos arriesgado con respecto a los errores técnicos que el pase de dedos.

La recepción es la forma principal de defensa de los saques, se realiza como respuesta al saque del equipo contrario, por lo tanto, será el primer toque del equipo. Este golpe también se puede utilizar para la defensa de remates realizados por el equipo contrario y para apoyos ofensivos a nuestros remates, rechazados por el bloqueo contrario. También hay que tener encuenta la velocidad del balón y la distancia para continuar la acción de juego.

Principalmente tiene un carácter defensivo, ya que el balón proviene habitualmente del ataque del equipo contrario (saque, remate, boqueo ofensivo...).

También es el primer toque ofensivo, para generar el ataque o el contraataque para ganar la acción. Es de gran importancia realizar con precisión el toque hacia el colocador, pues esto aumenta las posibilidades de éxito en el ataque.

## 2. Formas o tipos de ejecución.

2.1 Existen 2 clasificaciones en base a la velocidad que traiga el balón y a la distancia que queramos evitarlo:

### 2.1.1 *Contacto en un servicio lento.*

En el momento en que el receptor contacta la pelota, los brazos deben estar bien situados enfrente del cuerpo. Para los servicios, con poca velocidad, el arco de movimiento de los brazos aumenta. En este caso, el receptor inicia el movimiento de los brazos cuando estos forman un ángulo de recto en relación al cuerpo. Los brazos se mueven hacia delante y hacia arriba.

### 2.1.2 *Contacto en un servicio de gran velocidad.*

Cuando se intenta recibir un servicio de gran velocidad, el pasador debe asegurarse de presentar los brazos hacia la pelota cuanto antes mejor.

Existen 2 técnicas para mejorar el control del rebote:

- Dejar caer los brazos después del contado con la pelota ⟶ el movimiento del brazo va orientado hacia el cuerpo del receptor, en la misma dirección que la pelota que se acerca. Esto produce un efecto de amortiguación que a su vez da lugar a un rebote más lento y más controlado. Es importante mantener el torso en una posición fija en relación con las piernas y la parte inferior del cuerpo, tronco inclinado hacia delante.
- Contactar la parte inferior de la pelota y darle efecto ⟶ la trayectoria será más vertical y alta; esto proporciona más tiempo al colocador para llegar a la posición de colocación.

    El objetivo a perseguir por los receptores ante un saque de gran velocidad debe ser mantener la pelota en el lado propio de la red.

2.2 <u>Pase lateral</u>.

Se utiliza cuando el receptor se encuentra en una posición demasiado cercana a la pelota, o llega tarde a la posición de pase prevista, el receptor deberá pasar la pelota girando hacia un costado.

El contacto con la pelota está situado fuera del centro de gravedad del jugador, como resultado de la posición del cuerpo después de que el jugador ha pivotado hacia la dirección de movimiento. El hombro situado más adelante debe bajarse flexionando el tronco hacia delante y hacia abajo. Ello sitúa a los brazos en el ángulo correcto con respecto a la pelota, esto facilita el contacto simultáneo con ambos brazos.

La acción inicial de los brazos empieza detrás del centro de gravedad y continúa hacia delante, en una rotación de tronco hacia arriba y hacia un lado. Es importante acompañar la pelota con los brazos en el momento del golpeo la dirección del objetivo.

2.3 <u>Existen 3 tipos de pases de antebrazos dependiendo de la altura que traiga el balón:</u>

*2.3.1 <u>Pases de mano baja.</u>*

Recibe la pelota por debajo de sus rodillas y a una distancia no superior a 1 m. de la posición de preparado que ocupen.

*2.3.2 <u>Pases de altura media.</u>*

Pelotas recibidas entre las rodillas y los hombros. Por lo general, los jugadores se sitúan enfrente de la pelota para -------- saltando, a fin de recogerla con los antebrazos.

*2.3.3 <u>Pases de antebrazos altos.</u>*

Se utilizan cuando se coge al jugador a contrapié detrás de los bloqueadores. La pelota se recibe por encima de su hombro y se emplea una acción de rebote.

2.4 <u>Existen otros tipos de recepción como pueden ser:</u>

*2.4.1 <u>Recepción con ------- (con un brazo, con ambos).</u>*

Rechazo con uno o ambos brazos de costado o delante del cuerpo.

*2.4.2 <u>Recepción con un brazo con caída lateral.</u>*

Posición de piernas con un pie adelantado y apoyado sobre la planta del pie. Llevar el cuerpo en dirección al juego, girando el talón de la "pierna latera" hacia fuera, estirarse y deslizarse debajo de la pelota. Rechazo muy cerca del suelo al costado del cuerpo, con el antebrazo y la mano bien cerrada. Caída deslizándose sobre muslo, trasero, espalda.

*2.4.3 <u>Recepción con un brazo con caída hacia delante.</u>*

Agacharse e inclinar el tronco hacia delante. Saltar con fuerza con la pierna cercana a la pelota en forma oblicua y baja hacia delante, estirar ambos brazos. Tocar la pelota con el dorso de la mano. Caída deslizándose sobre el pecho, abdomen, muslo; apoyar las manos una detrás de la otra moderando el rebote.

# 3. Descripciones técnicas.

POSICIÓN INICIAL.

Así que la pelota inicia su descenso, el jugador debe adoptar la posición inicial con los pies cómodamente separados y el peso del cuerpo distribuido de forma equilibrada. Las rodillas dobladas y listas para hacer ajustes a medida que la pelota se acerca. Los dos elementos clave en la posición de la parte superior del cuerpo son el tronco y los brazos.

El tronco debe flexionarse hacia delante en la articulación de las caderas y la cintura y curvarse ligeramente hacia abajo. Esta posición distribuye el centro de gravedad del cuerpo sobre las partes blandas de las plantas de los pies, preparando además al jugador para moverse hacia delante, en dirección a la pelota y junto con ella en el momento del contacto. La cabeza del jugador debe mirar hacia el servidor durante el servicio.

Una buena norma de entrenamiento, para estar preparado, es tener los brazos listos y orientados hacia la pelota antes de que ésta penetre el plano vertical de la red.

Los jugadores deben empezar en una posición profunda, a una zancada de distancia de la línea de fondo de la pista para los 2 principales rematadores. Esta posición proporciona a los jugadores que reciben el servicio, tiempo extra para seguir la pelota que se aproxima y refuerza la idea de que el jugador debe estar moviéndose hacia delante en dirección a la pelota.

POSICIÓN DE LAS MANOS.

Posición de manos:

A. Las manos están entrelazadas justo por encima de la 1ª articulación de cada dedo. Los pulgares paralelos y uno junto al otro, y las muñecas sobre extendidas hacia abajo en dirección al suelo. Esta posición de la articulación de la muñeca evita que la pelota toque las manos, las cuales ofrecen una mala superficie de pase.
B. Puño semicerrado y la otra mano se cierra sobre él; pulgares unidos y dirigidos hacia delante.
C. Dedos entrelazados por su 1ª falange y extendidos, con los pulgares unidos y orientados en prolongación de los brazos.
D. Cruzando las palmas se coloca el dorso de una sobre la palma de la otra, formando un ángulo de 90°; la mano es bloqueada por el pulgar de la otra que sujeta los dedos de la mano superior. Unión de los pulgares y dirigidos hacia delante.

### CONTACTO DE LA PELOTA.

La pelota debe rebotar simultáneamente sobre los 2 brazos, justo por encima del hueso de la muñeca, en le tercio distal del antebrazo.

### POSICIÓN DE LOS BRAZOS.

La orientación temprana de los brazos hacia la pelota mejora el potencial del receptor del servicio para poder ejecutar el pase con éxito. Los brazos se fijan por los hombros, están totalmente extendidos y juntos. Bloquear los codos, girar los antebrazos hacia fuera para dar con la parte plana el balón.

Lo más importante es la orientación adecuada de la zona de contacto.

### MOVIMIENTO GLOBAL DEL CUERPO.

Es de gran importancia que el jugador realice un buen desplazamiento para colocarse en posición de recepción antes de que el balón se aproxime a él.

Los pies separados a la anchura de los hombros y orientados a donde se dirige el pase; ligeramente torcidos hacia dentro para distribuir el peso en las partes blandas interiores de las plantas de los pies. Esta posición permite al jugador desplazarse con rapidez

Rodillas flexionadas entre 90° y 120° y parte superior del cuerpo hacia delante. Espalda recta situando las caderas hacia atrás, esta posición permite mantener un buen equilibrio.

En el momento del contacto existe un movimiento de extensión de piernas mientras se dirige el balón desde los hombros, acompañado de un movimiento de tronco hacia arriba y hacia delante. El empleo de los brazos es casi totalmente pasivo.

## 4. Errores más comunes en la ejecución

### *ERRORES*

A. Posición inestable en el momento de golpear el balón, excesiva inclinación hacia delante, estar estirado solo hacia arriba o hacia atrás (el cuerpo se aparta del balón.
B. Los brazos están flexionados por los codos o demasiado cerca o lejos del cuerpo.
C. Los antebrazos no están lo suficientemente tensos, ofrecen las aristas como superficie de contacto o no golpean el balón.
D. Mal agarre de las manos.
E. No se realiza la acción de flexión-extensión o sólo acción de piernas.

### *CORRECCIONES*

A. El peso del cuerpo debe estar repartido entre ambas piernas y recayendo sobre todo en las puntas. Piernas semiflexionadas y pies separados a la anchura de los hombros y orientados a donde se dirige el pase.
B. Brazos extendidos formando con el tronco un ángulo de 90°, los hombros lo más fuera del tronco posible.
C. Los antebrazos deben estar a la misma altura y los más juntos posible para hacer una superficie amplia de contacto. El balón contacta en el tercio distal del antebrazo.
D. Las muñecas deben estar juntas y a la misma altura y el agarre de las manos debe permitir realizar el golpeo con la mayor naturalidad.
E. En toda la acción se produce una extensión continuada del cuerpo.

## 5. Reglas y faltas de reglamento.

El balón puede tocar varias partes del cuerpo, con tal de que los contactos ocurran simultáneamente.

Excepciones:

En el primer toque de un equipo, el balón puede tocar varias partes del cuerpo consecutivamente, siempre que los contactos ocurran durante una sola acción.

RETENCIÓN: un jugador no golpea el balón limpiamente y el balón es cogido y/o lanzado.

## 6. Exigencias de índole físico, ejecución técnica, volitiva.

- Velocidad de reacción: Responder a la acción del oponente (basándose en el instinto), en lugar de prever las jugadas basándose en la anticipación. El jugador realiza pequeños saltos o efectúa un pequeño balanceo de un pie u otro, seguido de un salto en él --- momento en el que el oponente efectúa un saque.
- Sincronización y coordinación colectiva de los compañeros.
- Equilibrio.
- Reflejos.
- Cualidades mentales:
    - ✓ Motivación.
    - ✓ Voluntad: especialmente la voluntad a superar el miedo natural a caer y la tendencia a esquivar los balones rematados con fuerza.
    - ✓ Desarrollar un comportamiento instintivo.
    - ✓ Atención y capacidad de concentración.
    - ✓ Apreciación de las trayectorias del balón.
    - ✓ Visión principal y magistral o periférica.
    - ✓ Espontaneidad.

# 7. Su entrenamiento. Recomendaciones metodológicas. Concepto de antes-durante-después.

La realización de este ejercicio plantea exigencias altas en la concentración, pero no implica un desgaste corporal significativo. Es por eso recomendable intercalar el entrenamiento de la recepción del saque entre ejercicios fatigosos. Se han de organizar, los ejercicios, de manera que se tengan que realizar muchas repeticiones. Mediante la variación en los lanzamientos o en los saques, cambios en la posición de la recepción y diferentes exigencias en los objetivos, pueden planearse ejercicios con muchas variaciones. A menudo se observa que los jugadores, ante pelotas que no se pueden defender en condiciones normales, se desorientan y cometen errores. Cuanto antes impongamos las diversas exigencias tácticas en la ejecución del movimiento, tanto mejor impediremos que sólo se fije una variante en la defensa del saque.

Si analizamos a la serie de ejercicios bajo el punto de vista del aprendizaje, en primer plano estará la corrección. La práctica continúa con muchas repeticiones contribuirá al perfeccionamiento y estabilización de la destreza técnica. Mientras nos familiarizamos con formas de conducta tácticas, al mismo tiempo nos preparamos convenientemente para la defensa del saque mediante ejercicios complejos y en la competencia, donde los jugadores deben actuar correcta y sincronizadamente bajo condiciones cambiantes y en el marco de un área de juego mayor.

- Antes: el defensor ha de estar atento al sacador y al tipo de saque que se va a realizar. Un buen conocimiento de los dos reducirá el tiempo de reacción y por lo tanto aumentará la efectividad. Tras percibir el saque es necesario realizar un desplazamiento correcto, este desplazamiento dependerá de la percepción previa.
- Durante: el movimiento de los brazos debe ser acompañado por el correspondiente movimiento de piernas, los brazos se fijan por los hombros, el movimiento se acompaña con el tronco hacia arriba y un poco hacia delante y los codos se mantienen en todo momento extendidos.

Es importante tener un dominio de los diferentes tipos de toque de antebrazos, ya que en muchas ocasiones no vamos a tener tiempo de situarnos detrás del balón.

- Después: se continúa la extensión de piernas. Tras recepcionar debemos colocarnos de nuevo y estar atentos a nuevas actuaciones imprevistas o a continuar la táctica colectiva prevista.

El fallo en el toque de antebrazos puede darle un punto directo al contrario, o tener como consecuencia una acción de ataque o de contraataque más compleja.

# 9. Objetivos a considerar en cada etapa.

### ETAPA DE INICIACIÓN.

- Dominar la posición inicial y las superficies de contacto.
- Dominar la velocidad transmitida al balón en el toque.
- Captar información para anticipar los desplazamientos.
- Coordinar el control visual de la trayectoria del balón.
- Ser capaz de situarse en el espacio de juego (líneas limitadas).
- Encadenar un desplazamiento y una intervención con el balón.
- Elegir y apuntar hacia un objetivo.
- Ser capaz de dirigir el balón a una zona determinada.
- Reconocerse como receptor cercano o lejano.

### ETAPA DE PERFECCIONAMIENTO.

- Observar al adversario.
- Tomar conciencia del espacio de juego a defender (profundidad y literalidad).
- Poder lanzar un balón alto y oblicuo hacia la zona delantera.
- Automatización del gesto.
- Desarrollar la comunicación interindividual.
- Precisar el toque.

### ETAPA DE CONTINCIÓN.

- Ser capaz de organizar mentalmente el ataque del adversario.
- Intervenir en un espacio cada vez mayor.
- Incrementar los recursos y habilidades con los deferentes tipos de pase de antebrazos.
- Incrementar la precisión ante diferentes tipos de balones que se pueden recibir.
- Ser capaz de desempeñar una actitud dinámica, movilidad.

# 10. Ejercicios de progresión: analíticos y jugados. Entrenamiento técnico.

- Red alta. Campo 2x3.
- Uno contra uno.
- Un jugador a cada lado de la red. "A" lanza el balón con las dos manos a "B" y este adopta la posición correcta de pase de antebrazos dejando que el balón rebote en la zona adecuada de los antebrazos. Intercambiar el rol.
- La acción punto estará centrada en lanzar el balón con la parábola suficiente para que exista un buen control y en la posición adecuada de los brazos y del cuerpo.

Idem al anterior.

- El jugador "B" adopta la posición correcta y envía el balón a la altura de la cabeza del jugador "A". Intercambiar el rol.
- La acción punto estará centrada en realizar una correcta colocación de brazos y cuerpo y que el balón vaya dirigido hacia la cabeza del compañero.

- Red alta. Campo 2x3.
- Grupos de cuatro.
- A un lado de la red una fila de jugadores ("B", "C", "D"). En el otro lado un jugador fijo "A" va haciendo lanzamientos suaves del balón al primero de la fila; éste se lo devuelve con un pase de antebrazos y se coloca al final de la fila. Así sucesivamente.
- La acción punto estará centrada en realizar una buena colocación de antebrazos, que el balón tenga una trayectoria parabólica y que el balón no salga de la zona delimitada.

- Red alta. Campo 2x3.
- Por parejas.

- Un jugador "B" está fijo y envía pases al compañero "A" el cuál le devuelve de antebrazos. El jugador "B" realiza pases cortos y largos, alternativamente, para que "A" se desplace hacia delante y atrás para realizar el golpeo de manera correcta.
- La acción punto estará centrada en que el jugador "A" se desplace hacia delante y atrás antes de adoptar la posición.

- Red alta. Campo 3x2.
- Uno contra uno.
- Realizar pases de antebrazos de tal forma que la trayectoria del balón varíe, tanto a lo ancho como a lo largo del campo.
- La acción punto estará centrada en que el jugador "A" se desplace, hacia delante, atrás, derecha e izquierda antes de adoptar la posición correcta y realizar el toque hacia su compañero "B".

Idem que el anterior.
- Antes de realizar un pase hacia el otro lado realizar un autopase como mínimo.
- La acción punto estará centrada en que el jugador "A" se desplace y que realice un autopase antes de realizar el golpeo de ataque.

- Grupos de tres.
- El jugador "A" se coloca en el medio de "B" y "C" como indica el gráfico. El jugador "A" le pasa el balón (dedos) al jugador "B" a cualquier zona; este tendrá que colocarse debajo y devolver el balón de antebrazos al jugador "A", a continuación este se lo envía a "C". Así sucesivamente. Se intercambian las posiciones.
- La acción punto estará centrada en que el jugador "A" realiza siempre el toque de dedos y los jugadores "B" y "C" de antebrazos.

- Red alta. Campo 2x3.
- Dos contra dos.
- Dos jugadores a cada lado de la red. El juego se empieza realizando un pase de dedos largo hacia el otro lado de la red. El otro equipo siempre recibirá de antebrazos y el toque, el golpeo de ataque, se realizará de dedos. Con el objetivo de imitar el juego real.
- La acción punto estará centrada en que el primer toque (recepción) se realice de antebrazos y el resto de dedos. Es importante que el balón no se vaya fuera de la zona delimitada, si esto ocurre, se perderá la jugada.

- Red alta. Campo 3x3.
- Grupos de cuatro.
- El jugador "A" lanza la pelota hacia "B" detrás de los 3m. el jugador "B" recibe de antebrazos hacia "C" que coloca de dedos a "D" y este efectúa un toque de dedos o de antebrazos a "A" que lo recibe de antebrazos realizando un autocontrol para volver a iniciar el ejercicio con un pase largo hacia "B". Se intercambian las posiciones, rotando hacia el mismo sentido que en el juego real.
- La acción punto estará centrada en que cada posición tiene que realizar un toque determinado, para imitar el juego real. No se puede ir la pelota de la zona delimitada.

- Red alta. Campo 2x3.
- Uno contra uno más uno.
- El jugador "A" realiza un lanzamiento hacia "B". El jugador "B" recepciona de antebrazos hacia el jugador "C", que le coloca a "B" para que envíe el balón con un pase de dedos hacia el otro campo.
- La acción punto estará centrada en realizar el primer toque de antebrazos y el resto de dedos, si esto no se cumple o la pelota sale fuera del campo delimitado, se perderá ña jugada.

- Red alta. Campo 2x3.
- Dos contra dos.
- Dos jugadores a cada lado de la red. El juego se empieza realizando un lanzamiento alto hacia el otro lado de la red. El equipo contrario recibe de antebrazos, realiza un pase de colocación y envía el balón hacia el otro campo en cualquier dirección, empleando el pase de dedos en suspensión.
- Igual que el anterior, pero ahora si el pase de dedos no se realiza en suspensión, se perderá la jugada.

# 3. Saque de seguridad y tenis.

# EL

# SAQUE

## 1. Carácter del gesto. Utilización del gesto. Características generales.

Por reglamento el saque es la puesta en juego del balón por el defensa derecho, colocado en la zona I o zona de saque, quien golpea el balón con la mano o el brazo; con este toque comienza una nueva serie de acciones.

El jugador tiene 5 segundos para, después de que suene el silbato del árbitro para realizar el saque. El jugador puede preparar la acción de tranquilidad lo que permite utilizar grandes posibilidades técnico-tácticas.

Con el saque comienza el juego ofensivo. Se puede obtener éxito con puntos directos (sin la cooperación de otros jugadores) o fracaso (con un error en el saque); lo que significa la pérdida de iniciativa en el juego.

Tiene un carácter ofensivo ---- (puede representar un porcentaje importante en el resultado del partido).

Un buen saque debe tener: seguridad, precisión y potencia.

## 2. Formas o tipos de ejecución.

Se distinguen varios tipos de saque:

*2.1 <u>Saque flotante</u>.*

La dificultad de este saque está en golpear el balón de modo que el efecto de la fuerza pase exactamente al centro del balón. La resistencia del aire hace que el balón no siga una trayectoria recta, sino que se desvía alternativamente hacia ambos lados.

El balón se lanza levemente, sin dejar que coja efecto y se golpea delante de la cabeza. La mano queda vertical después de haber tocado el balón.

*2.2 <u>Servicio con efecto</u>.*

Sigue la misma trayectoria que el saque flotante pero a mayor velocidad.

Los pies están separados a una distancia igual que la anchura de la cintura. El peso se distribuye por igual entre ambos pies que permanecen planos en el suelo. La cintura forma un ángulo de 30°/40° con respecto a la red. El brazo de golpeo está extendido y se relaja al tocar la pelota.

Cuando se eleva la pelota para efectuar este servicio, el servidor debe darle un efecto hacia delante. El contacto se efectúa por debajo del centro de la pelota: primero con el talón de la mano (determina la velocidad de la pelota); y después dando un golpe seco de muñeca (rapidez del efecto giratorio; cuanto más rápido sea el efecto, más deprisa se moverá la pelota hacia el suelo).

*2.3 <u>Servicio en salto</u>.*

La elevación de la pelota se inicia con las dos manos. Esta debe ir hacia arriba y desplazarse en la dirección de la línea de fondo del servidor para que el servidor tenga bastante tiempo para efectuar la aproximación y el salto.

Este saque requiere fuerza, coordinación y movimiento adecuado.

El contacto debe efectuarse con el talón de la mano y por debajo del punto medio de la pelota.

# 3. Descripciones técnicas.

*3.1. Saque de seguridad (frontal bajo).*

POSICIÓN INICIAL.

El jugador se coloca en el fondo de la pista. Los pies deben estar casi perpendiculares a la red, con los hombros relajados. Las rodillas ligeramente flexionadas. El peso apoyado principalmente en el pie retrasado.

POSICIÓN DE LAS MANOS – CONTACTO CON LA PELOTA.

La mano que sostiene el balón está a la altura de la cadera y enfrente del brazo ejecutor, ésta se aparta justo antes del golpeo, el balón no se lanza. El golpeo se realiza en la parte posterior y debajo del balón con toda la mano, es importante que sea un gesto natural.

POSICIÓN DE LOS BRAZOS.

El brazo que golpea el balón, extendido, cuelga suelto junto al cuerpo, llevar abajo y atrás y a continuación deshacer el movimiento. Como consecuencia del armado de brazo se -------- el tronco colocando la línea de hombros casi perpendicular a la red. El brazo ejecutor realiza un recorrido perpendicular, es importante que éste sea perpendicular a la línea de hombros.

MOVIMIENTO GLOBAL DEL CUERPO.

El balón, se tira levemente al aire, recibe el golpe de la palma abierta con el brazo extendido. Existe una coordinación con la extensión de piernas, manteniendo el apoyo de ambas durante todo el contacto; después del golpeo el peso del cuerpo descansa principalmente sobre el pie adelantado; esto nos permite volver a entrar en el terreno de juego.

*3.2 Saque de tenis (frontal alto).*

POSICIÓN INICIAL.

Esta operación es la misma que la que se adopta en el saque de seguridad.

## POSICIÓN DE LAS MANOS – BRAZOS.

El brazo del golpeo extendido con el codo rígido en el momento del contacto con la pelota. El brazo que levanta la pelota estará a la altura de la cintura, se debe lanzar el balón en la vertical del brazo ejecutor con una o dos manos.

Es importante que exista coordinación en las acciones que realizan ambos brazos.

## CONTACTO CON LA PELOTA.

Golpeo en la parte posterior e inferior del balón con toda la mano.

Durante la fase de contacto, la parte superior del cuerpo se moverá hasta adoptar una posición paralela con la red.

Es importante que el golpeo se realice a ------ altura con el brazo estirado, incluido el hombro lo más alto posible. La muñeca permanecerá rígida durante esta fase.

## MOVIMIENTO GLOBAL DEL CUERPO.

La parte inferior del cuerpo comenzará a transferir el peso tan pronto como se levante la pelota, esta transferencia finalizará después del contacto de forma natural, esto nos permite volver a entrar en el terreno de juego.

## 4. Errores más comunes en la ejecución. Correcciones.

*SAQUE DE SEGURIDAD.*

### ERRORES.

Lanzar el balón demasiado alto, bajo, a la derecha o a la izquierda; o que no haya lanzamiento; provoca el golpeo en zona inadecuada del balón.
Falta de coordinación entre lanzamiento y la extensión de piernas.
Flexionar el brazo durante el golpeo del balón.
No entrar en el campo de forma inmediata una vez efectuado el saque.

### CORRECCIONES.

A. Se sostiene el balón con la mano contraria a la ejecución a la altura de la cadera contraria y enfrente del hombro ejecutor. Golpeo en la parte posterior debajo del balón y con toda la mano, el balón no se suelta hasta justo antes del golpeo.

B. Siempre tiene que haber una flexión de piernas y coordinación con la extensión de piernas, manteniendo el apoyo de ambas durante el contacto.

C. Mantener el brazo totalmente extendido hasta la finalización del toque.

D. Una vez realizado el saque, entrar en el campo lo antes posible.

*SAQUE DE TENIS.*

### ERRORES.

A. Lanzar el balón demasiado alto, bajo, a la derecha a la izquierda o que no haya lanzamiento ( provoca el golpeo del balón sin soltarlo).

B. Flexionar el brazo durante el golpeo del balón, armado del brazo y que el codo vaya arriba y al lado exterior.

C. Falta de tensión en la mano.

D. No entrar en el campo de forma inadecuada una vez efectuado el saque.

## *CORRECCIONES.*

A. Lanzar el balón en la vertical del brazo ejecutor con una o dos manos; golpeo en el punto más alto, con toda la mano (principalmente el carpo).

B. Mantener el brazo totalmente extendido hasta la finalización del golpeo (golpeo en máxima altura, incluido el hombro lo más alto posible).

C. La mano debe estar suficientemente tensa para que el saque sea efectivo.

D. Continuar el movimiento de forma natural de forma que entremos en el campo a defender.

# 5. Reglas y faltas de reglamento.

❑ Faltas de saque:

Las siguientes faltas conducen a un cambio de saque aún si el oponente está fuera de posición (sí el jugador que saca comete una falta en el momento del saque ejecución incorrecta, orden de rotación equivocada; que es ya penalizada. El jugador que saca:

1. Viola el orden de saque:

✓ Los jugadores deben seguir el orden de saque registrado en la ficha de posiciones.

✓ Después del primer saque en un set, el jugador que saca se determina como sigue:

- Cuando el equipo que hizo el saque gana el rally, el jugador (o sustituto) que sacó antes, vuelve a sacar.

- Cuando el equipo receptor gana el rally, obtiene el derecho de saque y rota antes de hacerlo. El jugador que se mueve de la posición delantero derecho a la posición de zaguero derecho será el que realice el saque.

2. No ejecuta el saque apropiadamente:

✓ El balón debe ser golpeado con una mano o con cualquier parte del brazo después de ser lanzado al aire o soltado de la(s) mano(s).

✓ Al momento de golpear el balón o saltar para un saque remate, el jugador que saca no debe tocar la cancha (incluida la línea de fondo) ni el terreno fuera de la zona de servicio.

Después de golpear el balón, puede caer fuera de la zona de saque o dentro del campo.

✓ El jugador que saca debe golpear el balón dentro de los 8 segundos siguientes contados al toque del silbato del primer árbitro.

✓ Un saque efectuado antes del toque del silbato del árbitro es anulado y debe repetirse.

❑ Faltas después del golpe de saque:

Después que el balón ha sido correctamente golpeado, el saque puede convertirse en falta (excepto cuando un jugador está fuera de posición) sí el balón (por otro lado, sí la ejecución del saque ha sido correcta, pero en las acciones subsiguientes al saque se comete falta – cae fuera, pantalla, etc. la falta de posición que tuvo lugar primero será penalizada.

## 6. Consideraciones y normas tácticas individuales.

- Saques dirigidos al receptor más débil del adversario.
- Servir al jugador que acaba de cometer un error.
- Saques contra el jugador que acaba de entrar como relevo.
- Servir en dirección de los puntos más débiles de la formación que recibe el servicio, de forma que obligue a los oponentes a realizar ajustes importantes para cubrir estas zonas débiles.
- Servir a zonas equidistantes entre 2 jugadores.
- Si el contrario juega con penetraciones, hacer el saque directamente contra la posición del penetrador.
- Saques muy alejados del atacante principal.
- Saques muy alejados del mejor receptor.
- Saques que, habiendo malas condiciones de luz, lleguen directos desde donde está la luz, lo que retarda mucho la adaptación del contrario.
- Saques a elegir de acuerdo con el sistema de la recepción (sí hay una posición de juego compacta en la barrera de recepción, saques flotantes; si los jugadores están dispersos en la barrera de recepción, saques duros) o también con el nivel de la barrera de recepción.
- Saques peligrosos contra el atacante a fin de dificultar su opción de ataque.
- En caso de ------, servir hacia los rincones más alejados especialmente hacia el rincón opuesto direccionalmente al servidor.

## 7. Exigencias de índole físico, ejecución técnica volitiva....

- Cualidades físicas:
    - Desarrollo de la fuerza en el tren superior e inferior.
    - Coordinación.
- Representación del movimiento.
- Cualidades mentales:
    - Concentración.
    - Pensamiento táctico.
    - Motivación.

## 8. Su entrenamiento. Recomendaciones metodológicas. Concepto de antes-durante-después.

El concepto de antes-durante-después en el saque está completamente descrito en el apartado tres de este trabajo.

Es importante entrenar el saque todos los días y acompañarlo con la recepción. Tiene que tener un volumen significativo de entrenamiento.

En iniciación:
- ✓ Utilizar la pared y la red a poca distancia.
- ✓ El primer gesto que se debe enseñar es el lanzamiento y después el golpeo.
- ✓ Graduación progresiva de la distancia, regulando la fuerza del impulso que se le da al balón y fijando más la técnica.
- ✓ Primero enseñar el saque de seguridad y a continuación el de tenis, que nos va a servir como primer paso en el aprendizaje del remate.

Es importante a partir de cierto nivel, no entrenar el saque sin ningún elemento de precisión o de carga táctica.

Se debe enseñar al jugador distintos tipos de saque utilizados en el voleibol y también las ventajas que supone la ampliación de la zona de saque.

# 9. Objetivos a considerar en cada etapa.

ETAPA DE INICIACIÓN.
- Dominar la posición inicial y las superficies de contacto.
- Dominar la velocidad transmitida al balón en el toque
- Ser capaz de situarse en el espacio de juego (líneas limitadas).
- Elegir y apuntar hacia un objetivo.
- Ser capaz de dirigir el balón a una zona determinada.
- Ser capaz de realizar balanceos del brazo para el golpeo del balón y del cuerpo (traspasar el peso del cuerpo).
- Coordinar el lanzamiento previo con el golpeo en el saque de tenis.

ETAPA DE PERFECCIONAMIENTO.
- Adaptar la acción en función del adversario.
- Desarrollar la comunicación interindividual.
- Asumir responsabilidades.
- Automatizar el gesto.
- Realizar el gesto en situaciones diversas.
- Precisar el toque.
- Adoptar una posición defensiva tras la ejecución del saque.

ETAPA DE COMPETICIÓN.
- Poner al adversario en dificultades con la construcción de alternativas simples y complejas en ataque. Anticipación.
- Incrementar los recursos y habilidades con los diferentes tipos de saque de seguridad y de tenis.
- Ser capaz de transmitir información a sus compañeros.
- Incrementar la precisión con saque de fuerza y saque flotante.
- Adaptar el tipo de saque a la situación de sus adversarios.

## 10. Ejercicios de progresión: analíticos y jugados. Entrenamiento técnico.

### SAQUE DE SEGURIDAD.

- Zona delimitada sin red.
- Por parejas.
- Un jugador frente a otro a 3m de distancia. Intentar lanzar el balón a la cabeza del compañero.
- La acción punto estará centrada en lanzar el balón a la cabeza del compañero.

- Idem al anterior.
- Intentando superar la red.
- La acción punto estará centrada en lanzar el balón por encima de la red y a la cabeza del compañero, el balón no debe traspasar la zona delimitada.

- Pintar "blancos" en la pared a diferentes alturas.
- Individual.
- Realizar saques de abajo tratando de hacer diana en los blancos correspondientes. Se irá aumentando la distancia de los jugadores a la pared.
- La acción punto estará centrada en ir aumentando la distancia a medida que se vaya consiguiendo el objetivo.

- Red alta. Campo 2x2.
- 1 contra 1.

- Jugador "A" realiza un saque de seguridad hacia "B" este la recepciona con un autopase sé antebrazos. Se intercambian los roles.
- La acción punto estará centrada en realizar el saque para dificultarle la recepción al compañero; el balón no puede traspasar la zona delimitada. Si esto es así se perderá la jugada.

- Red alta. Campo 3x2.
- 2 contra 2.
- Dos jugadores a cada lado de la red. Un jugador realiza un saque hacia las "zonas libres" del campo contrario. El equipo contrario tendrá que recibir de antebrazos, realizar un pase de colocación y enviar el balón hacia el otro lado. Así sucesivamente, con el objetivo de iniciar a la táctica del juego real.
- La acción punto estará centrada en realizar los saques a las zonas entre dos jugadores y que el balón no salga de la zona delimitada.

- Red alta. Campo 2x3.
- 1 contra 1.
- Un jugador a cada lado de la red. Un jugador saca tratando de evitar que su oponente pueda atrapar el balón antes de caer en el suelo, dentro de los límites marcados.
- La acción punto estará centrada en buscar la zona del campo donde el adversario no pueda llegar y que el balón no traspase la zona delimita.

- Campo de voleibol (18x9).
- Por parejas.

- Cada componente de la pareja a un lado de la red. El campo de voleibol dividido en la zona de zagueros y delanteros. El jugador "A" saca y tendrá que enviar el balón a una zona o otra elegida previamente. El jugador "B" intentará recepcionar realizando un pase de antebrazos a la zona 3; irá a recoger el balón. Se intercambian los roles.
- La acción punto estará centrada en que todos los toques vayan al lugar determinado y que no se traspase la zona delimita.

## SAQUE DE TENIS.

- Zona delimitada.
- Por parejas.
- Un jugador frente al otro a 3m. aproximadamente, de distancia. Realizar envíos continuos y recíprocos del balón con bote intermedio en el suelo, mediante golpes con una mano.
- La acción punto estará centrada e que antes de recibir el pase del compañero el balón debe tocar el suelo y se debe realizar un amplio recorrido del brazo

- Zona delimitada.
- Por parejas.
- El jugador "A" ajusta el balón al jugador "B" para golpearlo, tras realizar un amplio recorrido o del brazo.
- La acción punto estará centrada en golpear el balón a máxima altura, ampliar el recorrido del brazo y traspasar el peso del cuerpo de una pierna a otra.

- Zona delimitada sin red.
- Por parejas.

- Un jugador frente a otro a 3m de distancia. Intentar lanzar el balón a la cabeza del compañero.
- La acción punto estará centrada en lanzar el balón a la cabeza del compañero.


- Idem al anterior.
- Intentando superar la red.
- La acción punto estará centrada en lanzar el balón por encima de la red y a la cabeza del compañero, el balón no debe traspasar la zona delimitada.


- Zona delimitada.
- Por parejas.
- Un jugador "A" realiza un golpeo con una mano hacia el suelo con la intención de que rebote contra la pared. El jugador "B" se desplaza leyendo la trayectoria y tendrá que realizar lo mismo.
- La acción punto estará centrada en golpear el balón hacia abajo y hacia el compañero.


- Pintar "blancos" en la pared a diferentes alturas.
- Individual.
- Realizar saques de tenis tratando de hacer diana en los blancos correspondientes. Se irá aumentando la distancia de los jugadores a la pared.
- La acción punto estará centrada en ir aumentando la distancia a medida que se vaya consiguiendo el objetivo.

- Red alta. Campo 3x2.
- 2 contra 2.
- Dos jugadores a cada lado de la red. Un jugador realiza un saque hacia las "zonas libres" del campo contrario. El equipo contrario tendrá que recibir de antebrazos, realizar un pase de
- colocación y enviar el balón hacia el otro lado. Así sucesivamente, con el objetivo de iniciar a la táctica del juego real.
- La acción punto estará centrada en realizar los saques a las zonas entre dos jugadores y que el balón no salga de la zona delimitada.

- Campo de voleibol (18x9).
- Por parejas.
- Cada componente de la pareja a un lado de la red. El campo de voleibol dividido en la zona de zagueros y delanteros. El jugador "A" saca y tendrá que enviar el balón a una zona o otra elegida previamente. El jugador "B" intentará recepcionar realizando un pase de antebrazos a la zona 3; irá a recoger el balón. Se intercambian los roles.
- La acción punto estará centrada en que todos los toques vayan al lugar determinado y que no se traspase la zona delimita.

# 4. Remate y finta.

# El

# Remate

## 1. Carácter del gesto. Utilización del gesto. Características generales.

El remate es el gesto técnico que consiste en golpear el balón en el punto más alto de su trayectoria hacia el suelo durante una suspensión, con el objetivo de dirigir el balón con precisión al campo contrario. También puede ir dirigido hacia un bloqueo.

Habitualmente es el último toque (tercero) que realiza el equipo atacante, por lo que es decisivo para finalizar la jugada con éxito.

Es el gesto más ofensivo del equipo. El fracaso o el éxito del remate es decisivo para la culminación de la acción táctica de ataque o de contraataque, y también para la efectividad de todas las acciones posteriores.

Un remate con éxito significa la obtención del punto.

La finta es un toque totalmente ofensivo, el cuál se realiza en una situación de ataque dependiendo de los movimientos que estén realizando los bloqueadores; con el objetivo de "engañar" a estos y conseguir finalizar la acción con éxito o dificultar la defensa del equipo contrario.

Existen cinco situaciones en las que resulta apropiado efectuar el toque:
- Cuando los componentes están cambiando de posición durante un intercambio de jugadas.
- Después de un prolongado intercambio de jugadas.
- Cuando se ha localizado un punto débil en la defensa contraria.
- Cuando el jugador situado en la posición izquierda del fondo de la pista está efectuando el servicio.

Contra un jugador de la defensa del fondo de la pista.

## 2. Formas o tipos de ejecución.
### REMATE

2.1 <u>Remate tapado</u>.

Formas de remate para especialistas en las que la dirección de la carrera y la dirección del golpe no coinciden. En oposición al golpe con giro el brazo que pega se moverá en dirección al golpe mientras que el eje de los hombros apenas variará su ángulo en dirección a la carrera.

2.2 <u>Remate de costado (gancho)</u>.

- Impulso y despegue como en el ataque en dirección a la carrera, pero en ángulo hacia la red.
- El brazo izquierdo se balanceará alto y delante del cuerpo en el despegue, el brazo derecho bajará (mano en el muslo).
- El brazo derecho extendido describirá un movimiento en forma de círculo; luego girar el hombro del lado que pega y el tronco en dirección del golpe.
- En el momento de pegar la mano estará cerrada, tensa, flexionada en la muñeca en dirección al golpe (la mano tomará por arriba la pelota).
- Fijar el brazo izquierdo delante del cuerpo al golpear, caída suave con ambas piernas.

2.3 <u>Remate de frente con giro</u>.

- Impulso, despegue, movimiento de retroversión en dirección del impulso como en el ataque de frente.
- Ángulo de impulso agudo, lugar de despegue más a la derecha (rodeo suave de la pelota).
- Primero saltar, después girar y pegar.
- Después del golpe el giro del cuerpo continúa; en el giro emplear el tronco con más fuerza que en le ataque de frente en la dirección del impulso.
- Caída de frente o con el hombro derecho hacia la red (cambio del eje de los hombros en cuanto al lugar de despegue).

# **FINTA**

2.1 <u>Finta ofensiva con una mano con salto</u>.

- ✓ Movimiento de retroversión del cuerpo y la caída como en el remate de frente.
- ✓ Interrumpir el movimiento del golpe y presionar la pelota con el brazo "casi" extendido y trabajo activo de la muñeca (al lado – sobre el bloqueo).
- ✓ La posición de la mano es la misma que para una colocación corriente.
- ✓ El balón es contactado con una sola mano.
- ✓ Es importante mantener ambas manos en la posición de colocación para engañar a los bloqueadores.
- ✓ Caída suave con ambas piernas.

# 3. Descripción técnica.

3.1 Remate.

### CARRERA O APROXIMACIÓN.

Se produce una carrera en diagonal hacia la red, normalmente de 3 pasos; el último del os cuales es de apoyo simultáneo con un balanceo suelto de los brazos.

El último paso es raso y alargado, en el que se adelanta uno de los pies, el otro lo sigue rápido y plano. Los brazos se lanzan a un movimiento preparatorio acentuado. Los talones de ambos pies es lo primero que toca el suelo.

La distancia de aproximación varía en función de la longitud de zancada del jugador. El centro de gravedad debe desplazarse hacia delante, no hacia arriba y hacia abajo, debe permanecer ---, o con respecto al suelo.

Si se realiza una aproximación con 3 pasos los 2 primeros aumentan de longitud y velocidad, incrementando el impulso del rematador hacia la pelota. El último pie debe situarse con respecto a la red en un ángulo comprendido entre los 0° y 45°.

### SALTO.

Ambos brazos deben estar detrás del cuerpo y la parte superior del torso debe permanecer tan perpendicular respecto al suelo como sea posible.

El movimiento de los brazos comienza lanzándolos hacia delante por debajo de la cintura, a continuación hacia arriba delante del cuerpo con los codos doblados luego llevarlos por encima de la cabeza lo más deprisa posible este movimiento es esencial para ayudar al salto.

Las caderas y los hombros deben estar abiertos mientras despega del suelo.

Una vez que el cuerpo abandona el suelo, el brazo que efectúa el golpeo puede realizar 2 movimientos diferentes:

✓ Para lograr una máxima altura y fuerza.
✓ Para obtener algo menos de altura pero mayor rapidez.

El salto parte de una flexión de rodillas (90°).

Ambos pies se asientan simultáneamente. Se balancea del talón hacia la puntera.

## EL GOLPEO.

El contacto con la pelota se debe realizar cerca del centro de la parte superior de la cabeza. La mano debe contactar la pelota por encima del centro de la misma. Debe darse un golpe seco de muñeca en el momento del contacto. El brazo golpeador está totalmente extendido, el otro se lleva hacia el esternón.

Tiene que ser una transición fluida del movimiento preparatorio al del remate el hombro y el codo van hacia delante y arriba.

## EL ATERRIZAJE.

El rematador debe aterrizar simultáneamente sobre ambos pies en el lugar donde saltó. Las rodillas deben estar ligeramente flexionadas, los pies separados y el peso bien distribuido.

## 4. Errores más comunes en la ejecución. Correcciones.

### REMATE.

Errores.

A. Carrera arrítmica. Carrera desajustada en el tiempo y hecha en dirección no adecuada. No acelerar explosivamente en la batida para favorecer la elevación del paso posterior.

B. Batida con el pie correspondiente al brazo ejecutor.

C. Saltar a destiempo, mala aproximación o carrera que causa una mala adecuación a la trayectoria del balón.

D. Paso de batida demasiado corto, caderas atrasadas.

E. No situar los brazos atrás y arriba en el momento anterior al inicio del salto. No subir los dos brazos en la fase de suspensión. No levantar el brazo no ejecutor por encima de la cabeza durante la elevación y llevar las piernas rígidas.

F. No golpear por encima y por delante de la cabeza, o golpear demasiado adelante o a un lado con el codo flexionado. No golpear el balón con toda la mano.

G. Caída desequilibrada o caída con la pierna.

Corrección.

A. En la carrera debe haber una progresión de la velocidad y longitud distribuida en tres pasos. La batida se hará un poco más retrasada con respecto al balón.

B. El último paso de la carrera se debe realizar con ambos pies a la vez.

C. Apoyo alternativo de los pies, finalizando con el pie opuesto al brazo ejecutor. Hacer hincapié en los dos últimos apoyos, casi simultáneos.

D. El centro de gravedad retrasado con respecto a los apoyos en la batida.

E. Llevar los brazos atrás para tomar impulso y elevación de ambos simultáneamente. Armado correcto del brazo abajo antes del golpeo. El salto debe ser lo más vertical posible.

F. Golpeo en la parte superior del balón en la máxima altura.

G. Caída con los dos pies y equilibrada.

# **LA FINTA.**

Errores.

No mantener la posición de colocación para engañar al contrario.

Caída suave con ambas piernas.

C. El trabajo de la finta se realiza con un movimiento de muñecas.

## 5. Consideraciones y normas tácticas individuales.

El ataque por lo general el último jugador de la cadena de acción.

El atacante tiene que aprender a ajustar sus intervenciones de acuerdo con la calidad de los pases, la fuerza del bloqueo contrario y la fuerza de campo de adversario.

Es importante que en el ataque no se produzca falta ni siquiera cuando el juego de pases está siendo flojo. El objetivo será que el balón permanezca en juego.

Puntos a tener en cuenta en el ataque:
- ✓ Pedirle al colocador pases altos sobre un bloqueador pequeño o flojo y rematar con ataque alto.
- ✓ Sorprender a bloqueadores lentos y descuidados con balones cortos y ascendentes.
- ✓ Lanzar los balones colocados contra defensas de campo débiles.
- ✓ Dirigir balones a la zona descubierta del adversario mediante ataque o finta.
- ✓ Lanzar de tal modo sobre el bloqueo que el balón salga fuera.

## 6. Exigencias de índole físico y ejecución técnica, volitiva...

- Cualidades físicas:
    - ✓ Coordinación.
    - ✓ Fuerza en el miembro inferior y superior.
    - ✓ Resistencia en el rebote y naturalidad en el salto.
    - ✓ Velocidad.
- Elevada estatura, lo que proporciona una elevada capacidad de salto.
- Cualidades mentales:
    - ✓ Capacidad de percepción y solución mental de la situación de juego.
    - ✓ Decisión adecuada en cada acción.
    - ✓ Conciencia.

Responsabilidad.

## 7. su entrenamiento. Recomendaciones metodológicas. Concepto de antes-durante-después.

Desde el punto de vista metodológico, consideramos fundamental que el entrenamiento no se haga esencialmente de una forma analítica. Por una parte, este tipo de trabajo no favorece la posterior transferencia al juego real (deficiencias en la toma de decisiones, integración del gesto en el juego, etc.) y por otra, podría resultar demasiado monótono. Tampoco se debe centrar el entrenamiento en ejercicios exclusivamente globales, puesto que ello supondría una carencia de tipo técnico. La mejor manera de enseñar voleibol se basa en una combinación de ejercicios analíticos y globales.

Podríamos decir que el remate no es totalmente imprescindible en los primeros pasos del aprendizaje del voleibol, ya que a estos niveles no se da la continuidad suficiente como para llegar al tercer toque en unas condiciones mínimas que posibiliten el remate; luego es más importante incidir inicialmente en otros gestos como el toque de dedos, el toque de antebrazos y el saque. A medida que el nivel va en aumento y la continuidad es mayor, se introducirá el remate como gesto ofensivo principal.

A la hora de enseñar este gesto, no debemos hacerlo de manera aislada, sino que es preciso prestar atención al contexto de juego en el que se presenta.

Debido a la similitud entre el saque de tenis y el remate, se pueden utilizar algunos ejercicios empleados en la enseñanza de aquel toque. El saque frontal de arriba y el toque de dedos en suspensión van a servir como pasos metodológicos previos para aprender el remate.

Primero conviene familirializarse con el golpe del balón. A continuación se enseñará la carrera, la batida y el salto sin el balón. Después se añadirá el golpe y la caída con autolanzamientos y autopases con remate dirigido. Seguimos con ejercicios con la pelota parada para conbinar el salto. Una vez superado esto podemos realizar remates de balones lanzados y después colocados.

Intentaremos desde un principio dirigir el balón (precisión). Trataremos de utilizar diversas variantes del golpe cara objetivos determinados. A medida que vamos avanzando en el trabajo de la condición física y de la coordinación del gesto, iremos trabajando la potencia. Es un error pensar que el remate eficaz solo depende de la fuerza.

Es importante realizar ejercicios ofensivos con bloqueos en el marco de los ejercicios complejos parecidos al juego.

Aprender a no dejar el balón cuando crean que no va bien el pase de colocación.

Las acciones ofensivas tácticas en grupo ayudan al aumento de las posibilidades de éxito del ataque.

# 8. Objetivos a considerar en cada etapa.

### ETAPA DE INICIACIÓN.
- Dominar la posición inicial y las superficies de contacto.
- Dominar la velocidad transmitida al balón en el toque
- Captar información para anticipar los desplazamientos.
- Coordinar el control visual de la trayectoria del balón.
- Ser capaz de situarse en el espacio de juego (líneas limitadas).
- Encadenar un desplazamiento y una intervención con el balón.
- Elegir y apuntar hacia un objetivo.
- Ser capaz de dirigir el balón a una zona determinada.
- Ser capaz de dominar la carrera-batida, verticalidad en el salto, aceleración progresiva, coordinación de los brazos en el momento de la batida y llevar atrás la cadera.
- Apreciar el momento en el que el balón está en la máxima altura para realizar el golpeo y suspensión (remate).

### ETAPA DE PERFECCIONAMIENTO.
- Adaptar la acción en función del adversario.
- Desarrollar la comunicación interindividual.
- Asumir responsabilidades.
- Automatizar el gesto.
- Realizar el gesto en situaciones diversas.
- Precisar el toque.
- Aumentar los recursos elementales en cuanto al espacio, tipos, desplazamientos...
- Efectuar una devolución en una zona vacía.

### ETAPA DE COMPETICIÓN.
- Ser capaz de organizar mentalmente un futuro ataque.
- Poner al adversario en dificultades con la construcción de alternativas simples y complejas en ataque. Anticipación.
- Intervenir en un espacio cada vez mayor.
- Encadenar o anticipar tareas distintas y cada vez más complejas.
- Incrementar los recursos y habilidades con los diferentes tipos de remates y fintas.
- Realizar acciones corporales de engaño.

- Ser capaz de transmitir información a sus compañeros.
- Incrementar la precisión.
- Incrementar los recursos de ataque.
- Combinar el ataque con señales: cortas, tensas, con fintas de desplazamiento...
- Realizar actuaciones tácticas ante situaciones cambiantes: en el bloqueo, en la segunda línea y en las dos líneas a un tiempo.

## 9. Ejercicios en progresión, que se trabajan con los compañeros del grupo. Entrenamiento técnico.

- Zona delimitada (línea 3 m).
- Individual.
- El jugador hace una carrera de dos o tres pasos, salta cerca de la red intentando caer en el mismo lugar de la "batida".
- La acción punto estará centrada en realizar la caída en el mismo lugar que el salto.

- Red. Campo 2x3.
- Por parejas.
- Un jugador "A" se sitúa con el balón cerca de la red y lanza con las dos manos el balón al aire (próximo a la red). El jugador "B" sale haciendo la carrera y agarrando el balón en el punto más alto.
- La acción punto estará centrada en agarrar el balón en el punto más alto.

- Zona delimitada.
- 1 contra 1.
- Un jugador frente a otro a 3 m de distancia. El jugador "A" golpea al balón, haciendo el gesto del remate, el jugador "B" intenta recepcionarlo con un autopase de manos bajas.
- La acción punto estará centrada en realizar en golpeo en el punto más alto y que el balón no salga de la zona delimitada.

- Red alta. Campo 9x4,5.
- Por parejas.
- El jugador "A" situado cerca de la red, realiza un lanzamiento alto y próximo a la red. El jugador "B" lee la trayectoria del balón y realiza un golpeo con una mano hacia uno de las del campo contrario. Se intercambian los roles.
- La acción punto estará centrada en golpear el balón en el punto más alto, no invadir el campo contrario y que el balón no salga de la zona delimita.




- Red alta. Campo 2 x 3.
- 1 con 1.
- El jugador "A" realiza un saque hacia el jugador "B" que esta próximo a la red. Este realiza un toque de dedos o de colocación para "A" el cual efectúa un remate.
- La acción punto estará centrada en realizar un buen pase de colocación para que "B" realice el remate en las mejores condiciones. El balón no debe traspasar la zona delimitada.




- Red alta. Campo 2x3.
- 1 contra 1 + 1.
- El jugador "A" saca hacia el jugador "B" que recepciona al jugador "C"; éste coloca hacia "B" y pasa al otro lado de la red. El jugador "B" remata hacia "A" que recepciona con un autopase y a continuación la pasa el balón a "C".
- La acción punto estará centrada en realizar el golpeo a máxima altura, que el balón no traspase la zona delimitada y no invadir el campo del adversario.

# Minivoleibol

# 1. ASPECTOS COMPLEMENTARIOS DEL VOLEIBOL.

1.1 La organización colectiva a tener en cuenta depende de tres componentes:

- N° de jugadores.
- Espacio.
- Tiempo en el momento de juego: Ofensivo, Defensivo.

Para realizar este estudio nos guiaremos por "las cinco etapas del Voleibol" (1972).

El primero de los casos, (1 contra 1), la posición del niño tanto en defensa como en ataque es prácticamente la misma. El comportamiento defensivo es muy importante en Voleibol, y los jugadores principiantes presentan muchas veces una actitud de carácter pasivo.

Cuando se trata del juego por parejas, la organización varía. Así en defensa se colocan uno a lado del otro para conseguir, así una mayor protección de la superficie de juego. Sin embargo, en el ataque los 2 compañeros se disponen uno delante del otro atrás para facilitar la progresión del balón hacia el campo contrario.

En el 3 contra 3, los compañeros adoptan una posición triangular. En defensa, se cubre mejor el campo con la colocación de 2 jugadores atrás, quedando solo uno de ellos adelantado. En ataque, es preferible colocar 2 jugadores cerca de la red.

En el 4 contra 4, la organización de los jugadores en el campo es en cuadrado (2 delante, 2 atrás) tanto en defensa como en ataque. En esta etapa se trata de que los alumnos observen y sepan qué acción tienen que realizar los que están delante (atacar y bloquear) o si se encuentran en la 2ª línea (atrás).

1.2 Dificultades en el aprendizaje.

A menudo existen situaciones de juego en las que, a causa de una serie de dificultades que encuentra el niño, sentimiento de derrota e incluso verse afectado el interés hacia el voleibol. Esto suele ser debido a un aprendizaje incompleto.

1.3 Cronología de las acciones.

    1.3.1 Recepción del balón y construcción del juego:

        1º. - Atención en el esférico.

        2º. - Entran en relación con los compañeros.

    1.3.2 Envío del balón al campo contrario:

        3º. - Hacer pasar el balón por encima de la red.

        4º. - Enviarlo y orientarlo en el espacio de los contrarios.

1.4 Dificultades encontradas por el niño en el juego.

    1.4.1 Manejo del balón.

    1.4.2 Relación con los compañeros.

    1.4.3 Pasar el balón por la red.

Éstas no siempre vienen determinadas por la falta de comprensión del o que tienen que hacer, sino que debido a una mala utilización del espacio y del tiempo.

Identificación de los problemas específicos y proposición de soluciones.

El niño no puede coger todas las nociones de juego colectivo. En un principio, debe saber manejar el balón para luego entrar en relación con uno o varios compañeros. En tercer lugar, debe ser capaz de hacer pasar el balón por encima de la red, para finalmente explotar la superficie de juego contraria.

## 2. Minivolei: UNA APUESTA POR LA ENSEÑANZA GLOBAL.

Cualquiera que sean los contenidos de un proceso educativo –en nuestro caso la enseñanza de un deporte-, existen cuando menos dos modelos alternativos para el planteamiento inicial de nuestros programas de actuación:

- Una perspectiva analítica, que consistiría en trabajar los distintos aspectos que integran el deporte (gestos técnicos, comportamientos tácticos) aislando siempre éstos de la situación real en la que se desencadenan. Un claro ejemplo dentro de los métodos analíticos sería el trabajo de repetición de un gesto técnico, o de una parte del mismo, en una situación al margen del contexto propio del juego (práctica contra la pared...).
- Una perspectiva global enmarcada por la presentación del deporte en situaciones no semejantes. Peor sí lo más parecidas a la propia realidad del deporte. Estaría un poco representada por la línea de trabajo a través del juego, de tareas jugadas tareas que permitan recoger experiencias, sensaciones y comportamientos aplicables al juego real.

Por otra parte nada impide que en el juego se trabajen aspectos técnicos y/o tácticos. Por lo contrario, muchas veces fomentamos una mejor adquisición y consolidación de los mismos, no sólo por estar adaptados a unas situaciones más ricas y variadas, sino por el hecho de que el trabajo en grupo fomenta la enseñanza recíproca y la corrección mutua de errores.

Si empleamos el juego global como método de enseñanza en el proceso de iniciación, podemos llegar a una motivación de los alumnos hacia la práctica del voleibol, puesto que esta enseñanza se basa en que los niños aprendan jugando (de forma que el aprendizaje se realiza de forma amena. El juego global nos permite reconocer que las habilidades técnicas son abiertas y poseen un alto nivel de incertidumbre. Además con él podemos trabajar con los elementos que configuran la Estructura Formal del Deporte, de manera que podamos adaptarlos a las características de nuestros alumnos, lo que facilita la progresión en el proceso de aprendizaje).

El Minivoleibol no sólo permite que el niño desarrolle la motricidad propia del Voleibol, sino que además permite desarrollar una serie de valores que contribuyen a la formación del ser humano. Valores como: la cooperación, el espíritu de sacrificio, la tolerancia, el respeto, etc...

Por último y tal vez como aspecto más importante, la motivación, el interés y el entusiasmo que produce el juego y las propuestas jugadas sobrepasa en gran medida a la monotonía del trabajo sistemático que propugnan las enseñanzas analíticas.

No obstante, no podemos ni tratamos de negar la importancia y los beneficios que se derivan del trabajo analítico, pues sería una aberración tratar de esconder las posibilidades, en especial referidas al desarrollo de las habilidades técnicas, que este método propone. Sin embargo, nos parecería más adecuado integrarlo como un complemento al trabajo global. Así, como si se tratase de una cooperativa, ambas metodologías irían encaminadas al enriquecimiento motriz del jugador, plasmado siempre en la propia situación de juego.

3. ¿QUÉ ES EL MINIVOLEIBOL?.

**El Minivoleibol es el fruto de la adaptación y modificación de las reglas y normas del voleibol para el trabajo con niños de edades comprendidas entre los 8 y 12 años. Debido a la heterogeneidad que se supone a estas edades existen también distintas formas o escalones dentro del mismo: 1 contra 1, 2 contra 2, 3 contra 3 y 4 contra 4 que es la manifestación más elevada de Minivoleibol.**

Es lógico que el grado de dificultad e incertidumbre de las últimas etapas de este juego deportivo se asemejen cada vez al voleibol, insistiendo pues en los hábitos motores necesarios para el voleibol. Así podremos conocer y comprender la lógica interna del juego, como se funciona dentro de él, cuando y por qué debo de tomar una decisión, etc...

**El Minivoleibol debe su importancia a dos razones fundamentales:**

A. Constituye un medio fabuloso y atractivo para el niño, mediante el cual resulta fácil llamar su atención hacia la modalidad del voleibol.

B. No debemos olvidar que aunque el voleibol es un deporte simple, resulta, sin embargo, muy difícil de aprender. Por ello, nos valemos del Minivoleibol como paso previo o aproximación al juego real del voleibol.

Cancha, número de jugadores, red, balones, árbitros, materiales:

- En lo referido a la cancha y a sus dimensiones existan varias divisiones del campo o pista central de la que disponemos. Se pueden crear canchas de varias dimensiones donde podremos establecer distintas formas de juego en función del nivel de nuestros alumnos.
- El campo tendrá, inicialmente, una dimensión pequeña y longitudinal para poder trabajarlos desplazamientos hacia delante y atrás. Iremos haciéndolo cada vez más alargado hasta llegar

a los 4,5 metros como máximo. La anchura inicial puede ser de unos 2m. Poco a poco introduciremos otras variables en lo que respecta a estas dimensiones.

- El móvil debe adaptarse a la situación y características de los participantes. Globos, pelotas de espuma, pelotas de playa pueden ser utilizados sin ninguna clase de reparos en los primeros contactos con el deporte.
- La red u obstáculo es a simple vista uno de los grandes inconvenientes para el iniciado. Retirarla supondría escaparnos de las situaciones globales, cercanas al juego real, que tratamos de crear.

Lo que hacemos es modificar su altura, aumentándola en una primera etapa de manera que las trayectorias de vuelo resulten más largas y por tanto dispongamos de mayor tiempo para preparar nuestro contacto con el balón. Posteriormente, reduciremos la cota del obstáculo para facilitar la ejecución, de forma que resulte menos probable la aparición de defectos técnicos.

Los árbitros. Dejaremos que los propios niños actúen como árbitros y anotadores.

### 4. EL MINIVOELIBOL: Distintos ámbitos de trabajo.

De una u otra manera siempre que derivamos un juego deportivo de un deporte primigenio parece que estamos encaminados a que la práctica del segundo y el rendimiento en él sea el objetivo de nuestro trabajo y la meta de nuestros alumnos.

Ámbitos dentro de los cuales podríamos intervenir a través de este juego deportivo:

- Ámbito educativo: La realidad nos dice que cualquier forma deportiva y, por tanto, también el juego adaptado es ideal para el desarrollo y el trabajo de todos aquellos aspectos que figuran como contenido de cualquier programación de E.F. Los aspectos que la E.F. pretende tratar son perfectamente trabajables desde el Minivoleibol: aspecto motor, capacidades físicas básicas, habilidades básicas; perceptivo; social; afectivo. En este caso el Minivoleibol se utilizaría con una finalidad en sí mismo, el desarrollo psicomotriz de los alumnos/as.
- Ámbito recreativo: Como en la situación anterior, variando las características de balones, altura de la red, etc. es posible trabajar en actividades de mantenimiento, tercera edad, y en general aquella parte del trabajo que se dirige al deporte salud y/o higiénico.
- Ámbito competitivo: Es la máxima expresión del deporte, donde nuestro empeño se destina al trabajo que nos conduzcan a un mejor rendimiento y a una mejor adaptación a las situaciones de competición. Por tanto el entrenamiento y perfeccionamiento de los aspectos físicos, técnicos y tácticos serán mucho más amplios que en los ejemplos anteriores.

Incluiremos aquí dos apartados diferentes:

✓ El trabajo con el Minivoleibol encaminado al juego del 6 contra 6, a las situaciones competitivas del juego en su máxima representación. Esto implicaría el trabajo de los

diferentes elementos técnicos también a partir del MINIVOLEI, creando situaciones para el trabajo de unos aspectos determinados.
- ✓ El trabajo de Minivoleibol en competiciones intra - muros e intra - escolares no centraría tanto su actuación en las situaciones que podríamos definir como más transferibles al ámbito del 6 para 6 y que, en cambio, se detendría más en aquellos detalles propios del Minivoleibol. En las dos modalidades el trabajo de los gestos técnicos serían muy similares.

## 5. OBJETIVOS DEL MINIOLEIBOL.

5.1 Objetivos generales serían, aquellos que serían trabajables también desde otros deportes y que se refieren a las metas que persigue cualquier forma de actividad física: desarrollo y hábitos higiénicos, adquisición de hábitos para una vida saludable, voluntad y espíritu de sacrificio, desarrollo de las nociones de colaboración y trabajo en equipo en un sistema competitivo sanamente entendido, desarrollo integral del individuo...

5.2 Objetivos específicos, se incluyen metas que se dirigen a la adquisición de conductas, gestos y comportamientos más relacionados con este deporte en concreto. Posicionarse en un ámbito más concreto, en este caso, aprender a jugar al voleibol.

De este modo podríamos concebir como objetivos específicos el dominio de ciertos gestos técnicos, el correcto uso del espacio, el entendimiento y la fluidez en la interacción con mis compañeros, etc...

## 6. ETAPAS EN EL APRENDIZAJE A TRAVÉS DEL MINIVOLEIBOL.

El proceso de evolución de una persona que llega a una escuela deportiva de voleibol ha de ir escalándose en una serie de pasos que nos conducirán a un dominio cada vez mayor del juego.

En Minivoleibol encontramos, además, bien estructuradas y definidas una serie de etapas por la división de dicha práctica en:

EXPLOTACIÓN (de las posibilidades) y EXPLOTACIÓN (de las habilidades motrices).
- ✓ 1 contra 1.
- ✓ 1 con 1, en el que se da la colaboración.
- ✓ 1 contra 1 + 1. Donde el colocador es común a los dos.
- ✓ 2 contra 2.
- ✓ 2 con 2. Colaboración.
- ✓ 2 contra 2 + 1.
- ✓ 2 con 2 + 1. Total colaboración.
- ✓ 3 con 3. Colaboración.
- ✓ 3 contra 3.
- ✓ 3 contra 3 + 1.
- ✓ 3 con 3 + 1.

- ✓ 4 contra 4.

En él se puede ver como la complejidad y el número de gestos de los que se disponen aumentan en proporción al número de participantes. Incluso los gestos más esenciales que se refieran a las primeras etapas sufren modificaciones en los últimos escalones. Esto es así porque la presencia tanto de adversarios como de compañeros obliga en el primer caso a disponer de suficientes recursos para abordar las dificultades crecientes. La presencia de compañeros permite una mayor especialización y una mayor elaboración de la jugada, disponiendo siempre de varias alternativas de pase.

La evolución que marca un poco la existencia y la determinación de unas y no oras etapas queda reflejada en una serie de Principios de progresión:

- ✓ La acción evoluciona de lo simple a lo complejo.
- ✓ El tamaño del espacio depende de la habilidad del joven, aumentando con la mejora del mismo.
- ✓ El tamaño del blanco a alcanzar se establece en función de la capacidad de controlar el balón y de la distancia permitida entre el jugador y el blanco (menos control, blanco más grande).
- ✓ El tiempo para actuar sobre el balón en la medida en que mi control sobre él aumente.
- ✓ La progresión hacia una etapa posterior requiere total control de lo adquirido anteriormente.
- ✓ La altura del obstáculo dependerá de las capacidades físicas y motrices del niño.

Todas las etapas presentan una serie de objetivos coincidentes o comunes que por eso llamaremos generales y una serie de especificaciones más concretas a nivel individual que denominaremos objetivos específicos de cada uno de los comportamientos tácticos colectivos que permiten un mejor funcionamiento y una mayor solución de continuidad en el juego.

### ETAPA 1.

Esta etapa vendría caracterizada por nociones como: EXPLORACIÓN y EXPLOTACIÓN. Por un lado es exploración porque el niño va a trabajar las distintas formas de contacto respecto a un gran abanico de objetos (lanzar, coger, golpear...), de blancos (fijos y móviles), además de las zonas de acción existentes. En 2º término nos encontramos con la exploración de las mejores maneras de golpear, ya sea a 1 mano, a 2 manos, por encima de la cabeza, debajo de la cintura...

A estas edades (7-8 años) resulta fácil la adquisición de nuevas habilidades motrices puesto que el niño tiene comportamientos egocéntricos y, lo que es más importante, posee un crecimiento físico relativamente lento.

### ETAPA 2 Y 3. EL 1 CONTRA 1 Y EL 1 CON 1.

El niño entra en relación con el medio social que en un primer momento se plantea con la figura del COMPAÑERO y en un segundo lugar con la figura del ADVERSARIO.

Podemos hablar de que se trata de un período en el que puede interactuar con el balón, así como con los diferentes medios de relacionarse con su compañero y/o adversario. En el primer caso se trataría de alcanzar un objetivo común, que no sería otro que el mantener el balón en el aire mediante el uso de una determinada forma de golpeo.

El juego de 1 con 1 se contempla como un juego cooperativo entre dos jugadores que forman un equipo y que se hallan compitiendo con otras parejas. Por lo que podemos hablar de cooperación y competición con las otras parejas. En el 1 contra 1 no se da esta cooperación, sino que tratan de enviar el balón en las peores condiciones a su oponente.

En caso de que los objetivos que se buscan no se pudieran alcanzar, el educador podría proponer una etapa intermedia. Por tratarse ésta de una fase de primer contacto con el Minivoleibol, es importante conocer el estado motriz de nuestros alumnos, observando su comportamiento.

Como aspectos fundamentales destacar:
- ✓ La apreciación de la trayectoria del móvil.
- ✓ La intersección de la trayectoria (coordinación óculo - manual).

Es la fase de dedos el primer elemento a trabajar, con el fin de buscar el correcto contacto con el balón, puesto que nos interesa que el alumno busque el balón, y se desplace siempre para intentar recepcionar el balón. El toque de dedos es el que mejor permite calcular la trayectoria.

♦ En cuanto a normas:
1. Red alta.
2. Las dimensiones del campo serán siempre aquellas que el alumnado pueda dominar, por lo que en cuanto a superficie será lo suficientemente pequeño.
3. La forma del campo:
    A. Alargada en profundidad.
    B. Alargada en anchura.
    C. Cuadrado.
4. La utilización de recursos de ayuda:
    A. Con acompañamiento/sin acompañamiento.
    B. Con toque –control (acompañado o sin acompañar)/sin toque de control.
    C. Con bote/sin bote.

♦ En cuanto a número de jugadores u forma de juego:
1. 1 contra 1 (competitivo).
2. 1 con 1 (cooperativo).
3. 1 con 1 + 1 (cooperativo).
4. 1 contra 1 + 1 (competitivo - cooperativo).

- Materiales:
  - Balones de goma espuma.
  - Tizas para dibujar los campos en el terreno.
  - Elástico o cinta que haga de red.
  - Pizarra móvil.

## ETAPA 4. EL 2 CON 2 Y EL 2 CONTRA 2.

El paso del 1 contra 1 al trabajo con más interactuantes debe ser un proceso progresivo. Como respuesta a esta necesidad de caminar progresiva y sólidamente aparecen las situaciones de 1 con 1 + q, donde uno de los jugadores trabaja como un comodín que se adhiere al poseedor del balón en cada ataque. Este trabajo servirá para prepararnos para las tareas entre cuatro personas. Una vez conseguido que el niño asuma las situaciones de colaboración, es decir una vez que se incluya al esquema del jugador - balón - obstáculo - blanco, el hacho de contar con un jugador, podremos introducir la situación de enfrentamiento con dos adversarios.

Conseguir que el niño abandone su egocentrismo y comprenda que sólo mediante la cooperación se puede lograr el éxito en un deporte de equipo, es objetivo principal de esta etapa.

Además en esta etapa se produce una iniciación técnica más importante que en la etapa anterior, con la inclusión de nuevos gestos técnicos y una mayor dedicación al trabajo de la misma. Seguimos trabajando de una manera global, a través de juegos.

Con la competición buscamos la motivación y con la colaboración la socialización. Cuando hemos logrado que el niño asuma la acción de la colaboración ya podemos introducir la noción de OPOSICIÓN entre 2 grupos.

- Finta.
- Ajuste espacio – temporal.
- Ocupación del espacio.
- Cooperación.

Tenemos que intentar que el alumno comprenda que el éxito solo es posible cuando haya colaboración entre compañeros. Este tipo de trabajo es posible cuando haya colaboración entre compañeros. Este tipo de trabajo puede ser introducido sobre los 9 – 10 años. En esta etapa de su desarrollo, el niño busca cada más situaciones de oposición que implica grupos.

1  Aspectos formales:

1..1. En cuanto a normas:

Los recursos de ayuda son los mismos que en la primera etapa, pero ahora poseen un significado diferente.

A. En la primera etapa que utilizan para que el juego se pueda desarrollar, como elemento de continuidad y por tanto de motivación.

B. El objetivo perseguido en esta etapa es el de posibilitar una correcta ejecución del gesto técnico. Estos recursos de ayuda correcta ejecución del gesto técnico. Estos recursos de ayuda se irán eliminando progresivamente, al tiempo que vayan adquiriendo dominio en la realización de dichos gestos.

1..2. En cuanto al número de jugadores y forma de juego:
1) 2 contra 2 (cooperativo).
2) 2 contra 2 (competitivo).
3) 2 contra 2 + 1 (cooperativo).
4) 2 contra 2 + 1 (cooperación / competición).

2. Materiales:

Además de los de la etapa anterior, incluimos unas hojas de observación para las evaluaciones técnicas que nos interesan.

### ETAPA 5 EL 3 CON 3 Y EL 3 CONTRA 3.

Los objetivos perseguidos son los mismos con la diferencia de que, al añadir más participantes, se acentúan las relaciones sociales del niño. Ahora, el entorno físico es de gran importancia, pues se acentúa la inteligencia táctica y ahora debe decidir a quién pasa y esto con arreglo al balón, a su posición en el campo y a la de sus compañeros. El docente debe prestar atención a la relación ínter – adversarios. En esta fase también se pueden añadir unas intermedias como el "3 con 2" y "3 contra 2". Además en esta fase va a primar la calidad de los juegos sobre la cantidad.

En esta etapa se van a trabajar los siguientes objetivos:

- Profundizar en la mejora técnico – táctica del pase de dedos y de antebrazos.
- Experimentar el saque de tenis en potencia y flotante.
- Mejorar la ejecución del bloqueo individual y por parejas.
- Realizar el gesto del remate en su totalidad.
- Utilizar fintas alternativas al remate.
- Integrar los aprendizajes técnicos y tácticos conseguidos en estas etapas profundizando en el uso de las posibilidades tácticas del voleibol a tres.

En esta etapa se lleva a cabo un esfuerzo de la motivación intrínseca a través de las ejecuciones correctas en el uso del buen funcionamiento del juego de equipo.

1. Aspectos formales:
    1.1. En cuanto a las normas:

La forma del campo en esta ocasión, tendrá la función de variar y motivar los juegos, al mismo tiempo que nos servirá para trabajar nociones tácticas y nuevas para el jugador: Diagonal, Campo estilo zaguero.

Utilización de recursos de ayuda: En esta etapa no debe ser importante, aunque si se puede unir para la construcción de ejercicios específicos de ataque.

1.2. En cuanto al número de jugadores y forma de juego:

1) 3 contra 3 (competición).

2) 3 con 3 (cooperación).

3) 3 contra 3 + 1 (cooperación – competición).

4) 3 con 3 + 1 (cooperación).

El aumento del número de jugadores, proporcionan mayor juego con todas las demás reglas y factores del juego, incluidos la técnica y la táctica, tanto individual como colectiva.

2. Materiales:

Los mismos que en las etapas anteriores.

ETAPA 6 EL 4 CONTRA 4.   4 x 4

Es la fórmula más elevada de esta práctica modificada, la que por sus rasgos más se parece a la modalidad de 6 para 6. Los motivos de su parecido los encontramos fundamentalmente en la presencia del mismo número de jugadores en zona de ataque y en zona de defensa.

En cuanto a la táctica colectiva, la disposición y situación marcada por el reglamento obliga a jugar con dos jugadores delanteros y dos zagueros que, lógicamente cambiarán sus posiciones de acuerdo con las rotaciones tras recuperación del saque. Procuramos que exista siempre un jugador colocador en posición de delantero para facilitar ese segundo toque.

En K.", es decir, en la situación del equipo que recibe el primer saque, encontramos distintas formas de posicionarnos:

- ❏ 3 en línea y 1 adelantado, que generalmente se corresponde con el colocador, para recoger el balón enviado de sus compañeros y efectuar un segundo toque.
- ❏ 3 en semicírculo y 1 adelantado.
- ❏ 2 en línea atrás y 2 adelantados en línea. Ésta tal vez sea la situación idónea por cuanto que el saque rival se supone que no es demasiado peligroso y dos personas llegarían para controlarlo. Además sería más fácil dirigir el pase pues existirían dos alternativas en lugar de una de ellas.

En cuanto a defensa de campo las variantes que entenderemos como más destacadas son:

- 2 jugadores al bloqueo, un jugador cubriendo las fintas y otro jugador tapando las diagonales.
- 1 jugador al bloqueo, uno atento a las fintas y los otros tapando el fondo del campo y la diagonal corta.
- 3 al bloqueo y el restante pendiente un poco de los balones que pudiesen escaparse a ese muro de jugadores (suponemos que éste no es un sistema apropiado).

En ataque, buscaremos siempre una colocación en la región central de la zona de ataque, para buscar la zona ampliada, es decir, que el remate o tercer toque pueda venir de ambos lados.

## 7. ASPECTOS RELACIONADOS CON EL REGLAMENTO.

Es importante que en el momento de la iniciación a la competición y/o participación, se le enseñen a los alumnos unas determinadas normas que forman parte del juego y que deben ser respetadas. Estas reglas ya pueden ser introducidas a lo largo de las distintas etapas de aprendizaje. El educador podrá utilizar reglas de forma adaptada. Esta modificación se hará en función de: las situaciones, las necesidades y del nivel de los niños.

A. Finalidad del juego: La finalidad del juego es impedir que el balón caiga al suelo. Cada equipo intenta enviar el balón al suelo del campo contrario y éste intenta impedirlo.
B. Las reglas del voleibol convencional.
C. Los reglamentos.

El juego de 3 contra 3 es aconsejado para jóvenes de 9-12 años. El terreno: mide 4.5m. de ancho por 12m de largo. La línea de ataque está situada a 2m. de la red, a cada lado del terreno. Como regla adaptada podemos utilizar como superficie de juego el terreno de bádminton. La red; la altura de la red puede variar según: las edades y el grado de desarrollo por los jóvenes. La altura aconsejada es de 2,15m. El docente deberá insistir en 2 aspectos básicos:

- No tocar la red.
- No pasar totalmente la línea central.

Si insistimos en esto, desarrollamos en el joven la percepción de la red y se acostumbrará a utilizar el gesto apropiado cuando se encuentra cerca de la misma. Los balones utilizados pueden ser de varios tipos: de plástico, reglamentarios, de espuma, de playa... Es preferible la utilización de un balón más ligero y no necesariamente más pequeño, pues favorece los desplazamientos.

Posición de los jugadores en rotación: 3 contra 3.

1. Jugador zaguero derecho que efectúa el saque.
2. Jugador delantero.

3. Jugador zaguero izquierdo en recepción de saque y de defensa, jugador delantero izquierdo en el ataque.

La rotación se hace en el sentido de las agujas del reloj.

El saque: Para mantener el interés constante a nivel de juego, es preferible pedir a los jóvenes sacar por debajo. Para permitir pasar a todos el balón por encima de la red en el saque, por ello se permite sacar dentro del campo. Para mantener un interés en el saque, hace falta favorecer con rapidez la puesta en juego directo; de ahí su importancia. Por otra parte, el docente podría poner la puesta en juego directo con un lanzamiento de abajo a dos manos.

Los golpes de balón: El balón durante los golpes no puede ser cogido ni retenido.

Como reglas adaptadas tenemos: No se debe ser demasiado severo en este aspecto para mantener un interés alrededor del juego. Es importante hacer hincapié en el hecho de no cogerlo. Si se continua con dificultades, es aconsejable la utilización de un balón más ligero, para facilitar los desplazamientos debajo del balón y quitar el temor al esférico.

Dar el golpe después de un bote en el suelo. El problema para el niño en este caso, es analizar la trayectoria del balón antes y después del golpe.

El bloqueo:

Interrupciones del juego. Como reglas adaptadas nos encontramos: Que es aconsejable efectuar una rotación continua, para permitir a todos los jóvenes jugar lo suficiente.

En el marco de encuentros, inter-escuelas el número de sustituciones puede ser ilimitado.

Podemos utilizar un cambio doble (dos jugadores salen al mismo tiempo y son sustituidos por otros dos).

El tanteo. Con métodos propuestos nos encontramos.

El equipo que posee el saque tiene la posibilidad de anotar 2 puntos si gana el intercambio que sigue al saque. Si este equipo pierde el intercambio que sigue al saque, es el otro equipo el que anota pero solo un punto. La ventaja de esta fórmula es motivar al joven a cada uno de los intercambios. Un intercambio ganado da siempre un punto y son dos si el equipo está en posesión del saque (jugamos el éxito y no solo el fracaso).

Un partido se juega a 30 puntos. El número de contactos es el que determina al ganador.

Periodo de tiempo: después de 10 minutos de juego, el equipo que más puntos tiene gana. Este método permite reducir la duración de los periodos de inactividad de los jóvenes.

# ANEXOS

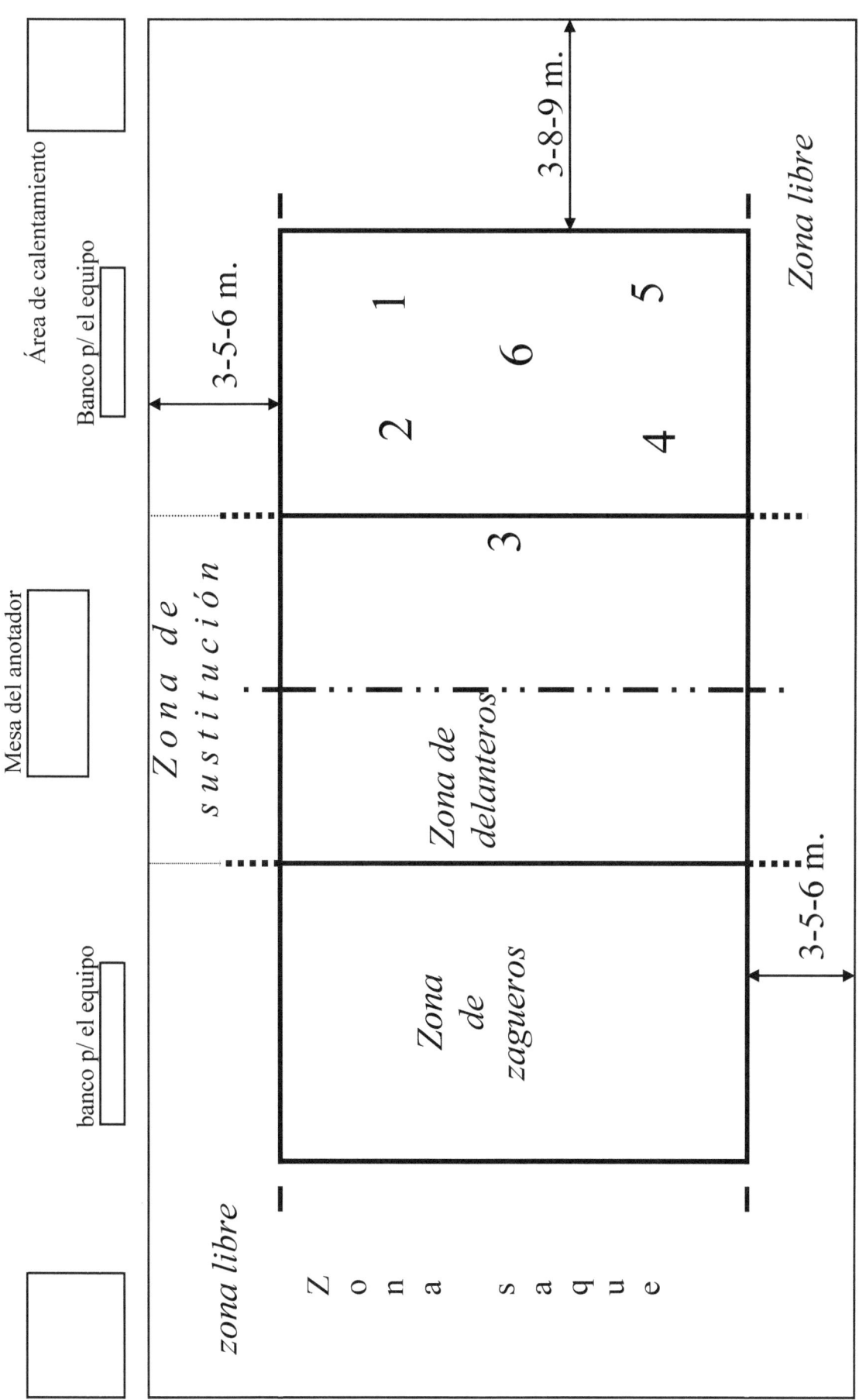

87

## 11. Bibliografía

📖 **Voleibol**

*MIGUEL A. MONGE MUÑOZ*

EDICIONS LEA

📖 **Enseñar voleibol para enseñar en equipo**

*GEORGES BONNEFAY*

*HENRI LAHUPPE*

*ROBERT NÉ*

ED. INDE

📖 **Voleibol**

DE LA ESCUELA... A LAS ASOCIACIONES DEPORTIVAS

*ELISABET CHÊME*

*CRISTINE LAMOUCHE*

*DOMINIQUE PEHIT*

ED. DEPORTIVA AGONOS

📖 El voleibol. Iniciación y perfeccionamiento

*JEFF LUCAS*

ED. PAIDOTRIBO

📖 Voleibol. Juegos para el entrenamiento

*B. FROM*

ED. STADIUM

📖 Voleibol.

*GÜNTER BLUME*

ED. DEPORTES

📖 Guia de voleibol. AEAB

ED. PAIDOTRIBA

📖 Reglamento de Minivoley

FEDERACIÓN GALLEGA DE VOLEYBOL

📖 Reglas oficiales del voleybol

*1999-2000*

FIVB

📖 Minivoleibol.

*GÖLSCH, W.*

ED. STADIUM

www.ingramcontent.com/pod-product-compliance
Lightning Source LLC
LaVergne TN
LVHW081450070426
835510LV00015B/1861